改訂増補版

読書がさらに楽しくなる
ブッククラブ

読書会より面白く、人とつながる学びの深さ

book club

吉田新一郎

新評論

まえがき

　アメリカやイギリスなどの欧米諸国では、「ブッククラブ」という本の読み会を楽しむ文化が長年にわたって続いています。それは例えば、カレン・ジョイ・ファウラーが著した『ジェイン・オースティンの読書会 (The Jane Austen Book Club)』を読めば（あるいは映画を観れば）明らかです。

　一方、日本では、大学でのゼミで「輪読会」や、社会人になってから本を中心に据えた勉強会などが行われているケースもありますが、「楽しい」という感覚が薄く、あくまでも勉強の手段と位置づけられているようです。また、学校などで「読書会」と称して紹介されているものも、司会者（教師である場合が多い）のもと多人数で行い、一斉授業の変形としか捉えられないものとなっています。

　ブッククラブは、①楽しく、②読むことが好きになり、③刺激があり、④大きな学びがあり、⑤人間関係を築くために最高の機会です。このブッククラブを多面的に紹介し、広く日本社会で実践してもらうことが本書の目的です。

....

★1★監督／脚本：ロビン・スィコード、2007年公開。配給：ソニー／ピクチャーズエンタテインメント。

私事ですが、数年前から研修を依頼された時は、そのフォローアップとしてメールによるブッククラブをセットで行うようにしています。長くて1日～数日、短いと2～3時間の研修を受けたところで、実践を変えるのは難しいものです。しかし、受講者がそれぞれの仕事場に戻ってから研修の内容に関連した本を一緒に読み合うことで、実践は飛躍的に変わっていくことがあります。この極めて効果的な方法を、もっと研修や仕事で使ってほしいと思ったことが本書執筆のきっかけです（「パート2」の第1章を参照してください）。

もう一つ、ぜひブッククラブを紹介したいと思ったきっかけがあります。それは、学校の授業のなかでのブッククラブの成功です。

過去10年間ほど、「リーディング・ワークショップ」（33ページの注を参照）という極めて効果的な、読むことを中心にした国語の授業のやり方を紹介しているのですが、そのなかにもブッククラブがしっかりと位置づけられています。そして、それを体験した子どもたちや実践した先生たちの評価があまりにも高かったという報告があったからです。詳しくは、「パート2」の第2章を参照してください。

また、リーディング・ワークショップについては、日本で実践している先生たちの実践集が『読書家の時間』（プロジェクト・ワークショップ編著、新評論、2014年）として出版されていますので、参考にしてください。

上記の二つをきっかけとして本書を著したわけですが、特に「パート2」では、日本で行われている様々なブッククラブを紹介しました。これらは、欧米で実際に実施されているブッククラブとまったく変わらないアプローチで行われています。

また、同じく「パート2」の第3章で紹介した海外の事例は、日本では考えられないような参加者で構成されているブッククラブです。このような事例を紹介した理由は、「誰でもやれてしまう」ということを知っていただきたかったからです。

自分以外の仲間を2～3人確保できればやれてしまうのがブッククラブ

初対面の人同士でも話しが弾むブッククラブ

です。その特徴や効果については「パート1」で詳しくまとめました。特に、効果については、信じられないほどたくさんあることに気づいていただけると思います。そして、それらのすべてが、21世紀を生きていく人間にとっては不可欠なものばかりだということもお分かりいただけると思います。

そして「パート3」では、実際にブッククラブをはじめてみたいという方々の手引きとなるよう、運営する際の注意点などを整理しました。読んでいただければ、決して難しいものではないということがお分かりいただけるでしょう。

2012年12月

＊改訂増補版の刊行にあたり、一部修正を加えました。

改訂増補版を刊行するにあたって

40年ぐらい前（まだ若かりし20代の頃）、いろいろな本を毎月読み合うという勉強会を、1年半ほどしていたことを記憶しています。集まって話し合うのは楽しかったし、学びもありましたが、どういうわけか、それ以上は続きませんでした。それが、2000年代の半ばに、メールでするブッククラブの効用に気づき、かなり多用するようになりました。集まる時間と場所を気にする必要がないからです。その後、10年弱の実践を踏まえて、2013年に出版したのが本書でした。

初版の刊行から7年近くが経ったわけですが、ここ数年、そのパワーを再確認にし、より一層多用するようになっています。一緒に読み合うことの楽しさは言うまでもないことですので、ここでは「学び」にフォーカスした形で紹介していきます。

なお、ここで述べるブッククラブは、メンバーが3～7人で、1冊の本を2か月前後、長くても3か月ぐらいで（毎週1章ずつを）読んで、メールないしオンラインで行うブッククラブを指しています。また、それを一つのプロジェクトとして捉えていますので、読み終わったら解散です。しかし、メンバーが継続してもっと読みたいと言えば、別の本を選んで「新しいプロジェクト」をスタートさせるといった形になります。その際、選んだ本によっては、抜ける人や新たに加わる人がいるかもしれません。

研修会や勉強会などで同じことを何度言っても変わらないことが、メールないしオンラインでのブッククラブ（つまり、筆談）を数回行うことで考え方を改め、実践に移しはじめたり、改善に向かって取り組んでいくという様子を、私はさまざまな機会において何度も見かけるようになりまし

た。

　研修会や勉強会は、一斉授業と同じで、対象が特定されないなかでの発言であることが多いためにあまり変化が見られないのでしょう。しかも、継続性という観点からすれば、やはり「弱さ」というものがうかがえます。その場では、聞いたことが気になったり、納得したりしても、所詮話でしかありませんから忘れやすいのだと思います。

　ひょっとしたら、講演会や研修会を何度やっても、なかなか世の中が変わらないというのもこれが理由かもしれません。その時は納得したり、分かった気になったりしても、「会場を出ると別世界」という感じになり、現実の生活には反映されないということです。唯一残るのは、講演会や研修会を開催しました、という実績だけかもしれません。

　一方、メールないしオンラインでのブッククラブは、対象者が限定されているうえに、繰り返しされるやり取りやメンバー間で補強されるようなやり取りが可能となります。さらに、「聞く」と「読む」の違いや、「話す」と「書く」の違いも関係してくるようにも思えます。「読む」と「書く」のほうが、考えたり、残ったり、変わったりする確率が非常に高いのではないかと思えるのです。要するに、「読む」と「書く」こと（特に、後者）によって、変わらざるを得ない条件が揃うということです。どなたか、この点を明らかにするようなデータをご存知でしたら、pro.workshop@gamail.com宛にぜひご連絡をください。

　本書で紹介する、メールないしオンラインで行うブッククラブに加えて、もし共有の時間と場所がもてるようであれば、ぜひ対面式のブッククラブも行ってください。楽しさだけでなく納得感も倍増するでしょうし、疑問や不安の払しょくと理解の深化を図ることになるはずです。

　対象とする人（たち）の考えや実践を変えたい時は、参加者の共通のテーマや課題に沿う本を選んで、ブッククラブ（特にオンライン）をぜひ試してみてください。初めてブッククラブを行う人の多くは、「本は一人で読むもの」という意識をもっているものですが、終了した時点では、「と

ても楽しかったです」とか「同じ本を読んでも、こんなに読み取ることや解釈が違うことに驚きました。それが理由で、理解の深さと幅が広がりました」といった感想を述べることになるはずです。また、「これからも継続的に、同僚たちとブッククラブをやっていきたいです」という姿勢に転換することになるでしょう。要するに、それほど面白いし、得るものも多いということです。

　以下では、本書の初版を参考にしたり、ブッククラブという方法を知って「愛用」している３人の方のコメントを紹介させていただきます。今回の改訂版にあわせて、「自分にとってのブッククラブ」というテーマで書いてもらったものです。教育の世界に携わっている方々が発するコメント、かなり説得力があります。

●小見まいこさん（教育支援 NPO）
　　──三つの意義を見いだして、積極的に活用中！
　私がブッククラブを続ける意義は三つあります。第一に、「主体的で対話的な深い学び」の機会です。主体的に選書し、仲間を集めて、毎週読み続けること。メールでのやり取りや読書を通して、仲間や自分自身と対話すること。そして、読書で得た知識と実践を往還し、深い理解へと昇華させることです。それは、まさに、今学校に求められている「主体的で対話的な深い学び」を自らの日常で実践していることだと感じています。
　第二に、学びにおける実践コミュニティーをつくることです。役割や立場の違う人とブッククラブをすることで、いろいろな視点から教育をとらえ、自分の実践を俯瞰することができます。また、ブッククラブでのやり取りを通して、互いの考えや価値観を共有することができ、信頼関係が深まります。メール上だけでなく、授業の相談に乗ってもらう、互いの授業や研修の参観をするなど、実際の現場におけるかかわりもか

なり増えてきました。

　第三に、講座のアフターフォローとしての活用です。私は、教育支援NPOという立場で、教育に携わる方を対象にした研修会を定期的に開催しています。1回の講座で終わるのではなく、参加者と学び続ける関係性をつくりたいと講座修了生に働きかけて、ブッククラブをすることがあります。そのなかで、本の内容だけでなく、お互いの近況やオススメの本などを共有しています。続けていくなかで、私自身も含めてですが、困った時のサードプレイスのような居場所や心の拠り所になっている人もいるようです。

　ブッククラブを実施する際に工夫していることは、読み終わったあと、実際に集まってダイアログをすることです。本を読んでみて、自分のなかで生まれた問いや変化したことなどを共有し、本で得た学びや収穫を語り合っています。そうすることで、本の「総まとめ」をすることができ、次なる学びに向かう力も湧いてきます。物理的なことが理由で叶わない場合もありますが、その場合はテレビ会議システムなどを活用すれば可能となります。

●廣瀬充さん（中高一貫校の教師）
　──研究会や学会に勝る優れた学びの方法

　中高一貫校の教員です。主に、知り合いの教員同士で教育関係の本を選んでブッククラブを行っています。基本的にはオンラインで行っていますが、ほかの仕事もあるので、極力「通勤時間のみ」と決めてやっています（ほかの人のコメントを見るのが楽しみで、結局、それ以外の時間もちょくちょく開いてしまうのですが……）。スマホに「Googleドキュメント」を入れておけば、通勤電車の中で読んだり書いたりすることができます。

　ブッククラブに出合う前は、研究会や学会、フォーラムに参加することが主な勉強の手段でした。これらの場合、その時は「いろいろ勉強し

たなあ」という感じにはなるものの、どうもイベントチックに終わって
しまったり、その場かぎりのものだったりして、なかなか日々の実践が
変わったり、継続的な取り組みに発展することにならないという課題意
識をもっていました。そんな時にブッククラブという方法に出合い、そ
の有効性を今は十分に感じています。

　自然と話題がそれぞれの授業の話にも及ぶことが多いので、わざわざ
研究会などに行かずとも、自分の実践を聞いてもらったり、ほかの人の
実践を聞いたりすることができます。また、私の場合、一人ではなかな
か読む気になれない洋書を読む機会が得られたことは、自らの幅を広げ
てくれたようにも思います。

　人が学び続けるコツは、「誰かと」、「気軽に」、「細く長く」の三つだ
と思っていますが、オンラインのブッククラブはそれらを満たす最高の
方法と言えます。

●岸陽介さん（教育関連会社勤務）
　　――「学ぼう！　変わろう！」とする組織・チーム・個人にとっ
　　　　て、もっともシンプルで効果的な方法
　言うまでもなく、本の読み方は一人ひとり違います。同じ本を読み進
めると、その本のどこにヒットして、何を思い、考えるかが人によって
かなり違ってきます。もちろん、その本の同じところに多くの人がヒッ
トすることもあります。だからと言って、同じことを思い、同じことを
考えるのかというと、やはり違います。当然と言えば当然のことですが、
その当然さを日常のコミュニケーションのなかでどれほど大事にしてい
るかと言えば、意外となおざりにしがちとなっているものです。

　だから、「学ぼう！　変わろう！」とすると組織・チーム・個人でブ
ッククラブを行うことに意味があると言えます。ブッククラブを行うと、
組織・チーム・個人のコミュニケーションの現状が明らかになるんです。
問題点もそうですが、それ以上に、個々人の興味関心のあり方や得意な

こと、そして才能などが明らかになります。それらを組織・チーム・個人が受け入れることによって、どういう方向に向かっていったらよいかも自ずと明らかになってきます。

　イベント的な研修会をただ単に繰り返すくらいならば、ブッククラブを繰り返し行う方が学びも多いし、変化も大きいと言えます。また、定期的に行われる形式だった飲み会よりも、継続的な読み会（ブッククラブ）のほうが圧倒的にコミュニケーションの質は高まります。さらに、その後に活かされる確率も格段に高くなります。何と言っても、しらふでやり取りをしていますから。

　実は、小学校の教師である冨田明広さんからも、改訂版の発行に合わせてコメントいただいております。その内容が非常に多岐にわたり、実践的であったことから、「パート３　ブッククラブの運営方法」の「第６章　実践者からのアドバイス」として付け加えることにしました。教師による実践例、少し身につまされることがあるかもしれませんが、これからブッククラブを行う人にとっては大変参考になります。

　それでは、「ブッククラブの世界」を存分に楽しみつつ、読み進めていってください。あなたの人生観が変わることになるかも知れません。

もくじ

まえがき　1
改訂増補版を刊行するにあたって　4

パート1　ブッククラブとは　17

第1章　ブッククラブの特徴、歴史、広がり　19

1　ブッククラブとは　19

2　ブッククラブの参加者の声　20

3　ブッククラブで見えること・聞こえること・感じること　23

4　ブッククラブの特徴　25

（1）楽しい　25

（2）読むことが好きになる　26

（3）+（4）刺激がある、大きな学びがある　27

（5）人間関係を築ける　28

5　ブッククラブの話し合いの特徴　31

6　「クラブ」の特徴　34

7　ブッククラブの理論的な背景　41

（1）「読むことは考えること」についての研究　41

（2）読者反応論　42

（3）社会的構成主義　43

（4）グループ・ダイナミックス（集団の力学）　43

8　日本の読書会の歴史とその衰退──今、復活の兆しも？　44

9　海外のブッククラブの歴史と広がり　51

第 2 章 多様にあるブッククラブの進め方 ……………………55

1 多様な進め方──輪読会　55
（1）大学などで行われている典型的な輪読会　56
（2）吟味する輪読会　57
（3）役割分担を決めずにみんなが参加する輪読会　59

2 多様な進め方──読書会　60
（1）既刊の書籍で紹介されている「読書会」と「ブッククラブ」　60
（2）ネットを利用した全国読書会　62
（3）レポーター形式　63
（4）ワールドカフェ形式　64
（5）文学（リテラチャー）サークル　66
（6）互いのおすすめ本を紹介しあう形式　67
（7）長年にわたって行われている典型的な読書会　68

3 私がすすめるブッククラブの進め方　70
（1）学校や大学で行うブッククラブ　70
（2）メールで行う（オンライン）ブッククラブ　76
（3）大人が実際に会って行うブッククラブ　78

第 3 章 ブッククラブを通して身につく力や資質 ………80

1 読む力　80

2 思考力と理解力　82

3 多様な話し合いのスキル　87
（1）言いたいことが言え、聞きたいことが聞ける　88
（2）メンバーが協力して意味をつくり出す　89
（3）学びの主体者意識がもてる　90
（4）多様なスキルや姿勢を身につける／練習できる　92

4 社会人基礎力と EQ・ライフスキル　94

5 チームワークのスキル　97

パート **2** 具体的なブッククラブの紹介　103

第**1**章　大人対象のブッククラブ　105

1 社会人のブッククラブ「読み会」　105

2 主に教師たちの「大人のブッククラブ」　111

3 大学で英語を教える先生たちのブッククラブ　116

4 大学教授によるブッククラブ　122

5 職場でのブッククラブ──S社で取り組んだ事例　133

第**2**章　学校でのブッククラブ　140

1 小学校高学年以上のブッククラブ　140

2 小学校低学年のブッククラブ　166

3 学校全体で「今月の本」について話し合う　178

第**3**章　海外のブッククラブ　183

1 母親と娘たちのブッククラブ（アメリカ）　183

2 父親と息子たちのブッククラブ（アメリカ）　192

3 学習サークル（スウェーデン）　198

パート **3** ブッククラブの運営方法 203

第 **1** 章 つくり方 ……………………………………………………205
- **1** なぜ？ 205
- **2** 誰が？ 206

第 **2** 章 時間と場所の設定──準備および初回の大切さ ……209

第 **3** 章 本の選び方………………………………………………213

第 **4** 章 話し合いの仕方………………………………………216
- **1** 話し合いの進め方 216
- **2** いい話し合いに必要なこと 219
- **3** 話し合う中身 221
- **4** ファシリテーターや教師の役割 222
- **5** 会の活性化の仕方 224

第 **5** 章 振り返り／評価…………………………………226

第 6 章 ブッククラブへの「かかわり方」と「学び方」
――実践者からのアドバイス（冨田明広）‥‥‥‥‥‥232

1 かかわることで人を知るブッククラブ　232

2 自分にムチを打ち、相手に学びを促すブッククラブ　235

3 長く、ゆるい関係をつくるブッククラブ　238

あとがき　239

本書で紹介されていた本のリスト　243

改訂増補版　読書がさらに楽しくなるブッククラブ
──読書会より面白く、人とつながる学びの深さ──

パート

1

ブッククラブとは

「みんなで読むとなると、本を丁寧に読むよう
になります。読むだけでなく、自らの読みを語
るための準備をすることになるので、それ自体
が楽しいです。そして、メンバーと会って話す
ことでほかの人の考えが分かるだけでなく、自
らの読みの傾向や癖も分かるし、みんなと仲良
くなれることが何といっても楽しいです。もち
ろん、終わってからの食事とビールも！」
　　　　（大人のブッククラブのメンバー・小学校教師）

第1章

ブッククラブの特徴、歴史、広がり

1 ブッククラブとは

　ブッククラブとは、「特定の本をメンバーが事前に読んできて、面白い
と思ったところや考えたこと、そして疑問に思ったことなどについて話し
合う会」のことを言います。日本では、「読書会」、「読み会」、「輪読会」、
「読書サロン」などの名称で呼ばれてきました。

　一方、欧米諸国では、「ブッククラブ」、「ブックサークル」、「リーダー
ズ・サークル」、「リーダーズ・クラブ」などと言われていますが、読む対
象を文学作品に限定している場合は、「文学サークル」や「文学クラブ」、
学校で取り組まれる際には、ブッククラブのほかに「リーダーズ・サーク
ル」、「文学サークル」、「文学学習グループ」などの名称が使われています。

　本書では、近年、世界的に最もポピュラーな表記である「ブッククラブ」
を使うことにしました。その理由は、これまで読書に関心のなかった人た
ちにこそ、ブッククラブの楽しさを体験してほしいからです。また、「読
書＝文学」というニュアンスも払拭してほしいと考えました。

　新聞や雑誌をはじめとして、一般の人たちが生活しているなかで読むも
のの9割以上がノンフィクションであるにもかかわらず、「読書」という
言葉を使った場合のイメージは文学を指しているような気がします。それ
を逆転させる、とまではいかなくても、少なくとも半分ずつぐらいにはし
たいという想いも込めて「ブッククラブ」というタイトルにしました。

2 ブッククラブの参加者の声

　まずは、ブッククラブに参加した何人かの声を紹介しましょう。ブッククラブの楽しさと価値が十分に伝わってきます。最初は、大人のブッククラブに参加した人たちの声です。

　「自分の日々の在り様を振り返り、明日につなげることができるから、他者の新鮮な意見を聞くことで新しい視点を得られるから、ブッククラブをすすめています。ブッククラブで得たことを、日々のどの場面や部分で活かそうかとワクワクしました」（会社員）

　「ブッククラブの喜びは、自分の解釈を人に聞いてもらえることです。読むことよりも、話すこと（表現すること）。自己表現は楽しいものです。表現するとは考えることですから、これはそのまま読むことの力になります」（学校図書館司書）

　「メールでのブッククラブは、自分を追い込むのにとても良い方法だと思います。つまり、自分を向上したいと思いつつ、忙しいことを理由にのんびり構えている自分にイラついたことのある人、ブッククラブに入れば自らを"学びの世界"に追い込むことができます」（NGO職員）

　「メールでの継続的なやり取りを通して、自分のなかにある漠然とした考えが次第に一つの形を整えていくことを実感し、そこに面白さを感じます。どちらかというと飽きっぽくてエネルギーの足りない私にとっては、こうしたやり取りの一つ一つが本当に貴重な勉強の場になっています。毎回のコメントやフィードバックを楽しんでいます」（国立中高一貫校の教師）

「四つの理由でブッククラブをすすめています。まず、知らないことが分かったり、視野が広がります。次に、"知らない"ということが分かります。そして、"分からない……"と悩むだけだったのが、自分で考えられるようになります。最後に、一緒に学ぶ（読む）人がいると、何と言ってもやる気が出ます」（大学生）

「一人で、あの4冊の本をあそこまで読むことは無理でした。仲間がいたからこそ読めたと思います。そして、仲間のコメントから学んだことは計りしれません」（大学講師）

「意見を書くとなると、それなりに深く読み込み、整理しておく必要があります。他者の見方や考え方に触れられるというメリットもありますが、個人的には一人で読む時とは違う読み方をするようになるという点が大きな違いだと感じています」（大学教授）

次は、学校でブッククラブを実践している子どもと教師たちの声です。

「いろいろなことを聞いたり聞かれたりするから、いつもよりたくさんしゃべれて、言えないこともたくさん言えてよかった。ペア読書でやったことを使えた。自分で読んで見つけられたり考えたりできるから、読み聞かせだけよりいい。考えたり言ったりする力もついた」（小学校2年生）

「ブッククラブでは無理に話さなくてもいいけれど、話したほうがいい雰囲気はあるので、がんばって話す。友達もそれを助けてくれる。聞くことで学べるけど、話すのも大事」（小学校3年生）

みんなが主役のブッククラブ

22　パート *1*　ブッククラブとは

「ブッククラブは、いい関係がつくれるし、聞くことで新しい考えを学べるし、自分の考えも言える」（小学校 6 年生）

「選書がある。読書計画がある。読みの交流がある。振り返りがある。楽しい。読む力がつく。読みの交流によって自分の読みが深まったり、読書の社会的な側面の楽しさを味わえる。要するに、一人読みにはない楽しさがいっぱいある。読書が苦手な子でもブッククラブには責任が生じるので、読む努力の質が高まり、本を好きになるかもしれない」（授業でブッククラブに取り組む小学校教師 A）

「ブッククラブは、本物の本を使って“本物の読み方”をします。これが大歓迎の原因です。教科書ではできないこと。“自尊心”を相当に植えつけられるからだと思うのです。いっぱしの“読書家”になる経験をするからです。

　子どもの側からすると、同じクラブのメンバーからも、先生からも、任せられている、信頼されている、認められている感じがすることだと思います。良好な人間関係が育まれることが、二次的産物として子どもたちのなかに生み出されます。これらは、ブッククラブ以外のものではまず起こり得ないことです。

　ブッククラブでは、反応するのは自分の読みに対してです。自問自答をしていくことになります。さらに、話し合いの時にはメンバーの読みに対してです。メンバーが質問を出す時があります。それに対する反応が違えば違うほど、話し合いの質は深まっていきます。自分たちで学びをつくっていくという体験は、今まで知らなかった自分の力に目覚めることにもなります。本を 1 冊読めるようになるということも自信になりますが、さらには、本を読んで考え、書き、語り……そんなことが自分たちの力でできるということに気づくのです。

　ブッククラブの効果は、本を読むようになるということです。最後の回

の直後に、お互いが参加したブッククラブについて読書パートナーと情報交換すると、そのほとんどのペアがブッククラブで使った本を交換していました。ブッククラブの後は、"もっと読みたい！"と思うのです。

　ブッククラブは、"読むこと"と同時に"書くこと"や"話すこと・聞くこと"もとても大切にされています。この三つの領域は、統合的・横断的に活動のなかに組み込まれており、それぞれが影響しあって伸びていく力を養っていると思います」（授業でブッククラブに取り組んでいる小学校教師B）

3　ブッククラブで見えること・聞こえること・感じること

　次ページに掲げた表1は、ある研修会でブッククラブを初めて体験した参加者たちに、ブッククラブをしている時に「どんなものが見えたか」、「聞こえたか」、「感じたか」を答えてもらい、その結果を整理したものです。学校での実践を考える人にとっては、国語の読解授業をしている時や図書館でもたれる「図書の時間」、そして朝の読書の時間などと比較してみると面白いかもしれません。その違いが歴然となるでしょう。

　言うまでもなく、楽しく、主体的に、それも仲間と協力しあって学んでいる時が一番よく学べます。そうであれば、ブッククラブは一つの理想形態を成していると言えるかもしれません。

　会議やミーティングでも、このリストは見本にしたいぐらいです。今からでも遅くはありません。ぜひ、ブッククラブで練習してみてください。もちろん、小学校からブッククラブに取り組みはじめれば、大人になってから苦しむことはないでしょう。

　以下では、こんなブッククラブの特徴などについて詳しく述べていくことにします。

24 パート *1* ブッククラブとは

表1 ブッククラブで見えること・聞こえること・感じること

見えること	聞こえること	感じること
・グループになっている人たち ・椅子だけを使っている人たち、机で話している人たち、床に座っている人たち ・とても楽しんでいる ・よく考えている ・協力しあっている ・話している内容に興奮している ・本を見直している ・頭（肩）を寄せあっている ・集中している ・熱中している ・共感している ・うなずいている ・納得している ・納得できない顔、身体 ・生き生きとしている ・意見の主張と譲りあい ・活発に議論している ・話す人と聞く人 ・笑顔 ・考える顔 ・思いを自由に語っている ・周りの意見にうなずいている ・周りの意見を聴いて考え込んでいる。 ・周りの意見に自分の考えを付け加えたそう。 ・真剣に、熱心に、話し、聴きあうメンバーたち	・みんなの話す声 ・考えを共有しあっている ・時には、何も聞こえないことも ・別のグループの盛り上がる声 ・本をめくる音、閉じる音 ・笑い声 ・「あ〜！」とか「そうそう！」とかひらめいたり、共感する声 ・うなずき ・盛り上がっている声 ・自分と同じ考えを出したときのみんなの声 ・周りの反応を確認しながら話をしている ・周りの話を聞いて小さくつぶやいている声「なるほどね〜」	・幸せ ・楽し〜い ・みんな友達 ・気遣い ・どんな発言をしたら、話し合いが噛みあうかな？ ・共感と相互理解（人によって差があります） ・どうしたら皆さんが各々の視点をもてるようになるのだろう ・学び合い ・一体感 ・小さな驚き ・う〜ん、この人ここまで言うか！ ・そんなことに気付けるってスゴイ ・まったく違うこと考えてるんだ！ ・解釈を広げてくれて、ありがたい ・いくらでも話していられる雰囲気 ・ほかの人の答えに対して、バランスを取るような回答を心掛ける

第1章　ブッククラブの特徴、歴史、広がり　25

4 ブッククラブの特徴

　ブッククラブの特徴を簡単に整理すると、以下のようになります。

（1）楽しい　　　　　　　　→　自分を表現できる
（2）読むことが好きになる　→　本が好きになり、読む力もつく
（3）刺激がある　　　　　　→　適度にチャレンジされる、自分を知る
（4）大きな学びがある　　　→　自分では気づけなかったこと、見方、
　　　　　　　　　　　　　　　　考えを知れる
（5）人間関係が築ける　　　→　本についての話し合いを通して他人を
　　　　　　　　　　　　　　　　知れる、自分を知ってもらえる

　これだけメリットがあるのですから、やらないほうがおかしいのではないでしょうか。それぞれについて、詳しく見ていきましょう。

（1）楽しい

　ほかのメンバーが聞きたいことを踏まえて自らが表現している部分もあるため、一方的な発言というよりも、本を介したほかのメンバーとの「やり取り」や「話し合い」が楽しいと言ったほうが正確かもしれません。要するに、言いたいことが言え、聞きたいことが聞ける、という場だということです。
　ブッククラブで話し合われる内容は、読んだ本の反応に基づいているものであれば、何に焦点をあてて話し合ってもかまいません。登場人物、出来事、ジャンル、作家のスタイルや技術、そして自分との関連などです。参加者は、互いの疑問・質問、感じたこと、考えたことなどを、共有しあう形で話し合いを進めていきます。

もう一つ大きな意義は、協力して自分たちで意味をつくり出すことの楽しさを味わえることです。それは、結論を導き出すことを意味しているわけではありません。むしろ、そんな努力をしようものなら、話し合い自体が味気ないものというか、楽しめないものになってしまいます。

最終的には、一人ひとりが自分なりの解釈というか意味を見いだすことになるわけですが、これは教師主導の一斉指導や、どこかに正解がありそうな読解の授業では体験することのできない「本当の読みの楽しさ」を味わえることになります。

さらに、ほかのメンバーに認められ、受け入れられているという感覚をもつことによって自己肯定感ももてます。自らの反応に価値があること、それに気づけることほど大切なことはありません。自分が認められ、聞いてもらえる場が提供されることで、コミュニティーの一員という意識も育っていくのです。

（2）読むことが好きになる

すでに読むことが好きな人（子）にとっては、さらに好きになり、読む力を磨くチャンスを、そして読むことが好きでない人（子）たちにとっては、話し合いを通じて好きになるチャンスを提供します。好きにさえなれば、読む力も自然についていきます。

また、仮に自分が読み逃したところがあっても、ほかのメンバーが補ってくれるので確実に読めるようになっていきます。最初は助けてもらっていても、繰り返すことで徐々に自分でできるようになっていくのです。

ちなみに、読むことが好きでない大人の場合はブッククラブへの参加を拒否する可能性が高いですが、興味のあるテーマなどでうまく誘導して参加してもらえれば、読むことが好きでない子どもと同じことが起こりえます。単に、そういう体験がなかっただけなのです。

ブッククラブの目的は、より主体的で自立した読み手（読むことが好き

で楽しめる人）を増やすことと言えます。このような読み手になると、以下のようなことが可能となります。

- 発見したことや驚いたことが紹介できる。
- 疑問に思ったことが尋ねられる。
- 気になった言葉、文章、考えなどに印をつけて紹介できる。
- 重要な（と思った）点にこだわるようになる。
- 本の解釈や分析、複眼思考や批判的思考も含めた優れた読み手が使っている効果的な読み方[★1]を使いこなせる。
- 自分で選書できる。
- 本を読む時間や環境を自分でつくり出すことができる。
- 読むことによって、自分を磨くことや生活・仕事に活かすことができる。

（3）＋（4）刺激がある、大きな学びがある

ブッククラブの大きな特徴は、複数で読み合うことによってほかのメンバーの視点でも本（世界）を読むことになり、読みの広がりや深まりが実現することと言えるかもしれません。

基本的に、人はその時点での自分のレベルにあったものしか読めません。しかし、何人かと一緒に読むことで、ほかの人たちの理解・解釈や問いが自分の読むレベルを押し上げて（広げて）くれるのです。一人だけで読んでいてはなかなかレベルアップしませんが、仲間のサポートがあることでそれが可能となります。

★1★『「読む力」はこうしてつける』（拙著）で紹介している、関連づける、質問する、イメージする、推測する……などのこと。これらは、読む時にはもちろん、聞く時も、話す時も、書く時も、要するに考える時はいつも使っている。特に、「まえがき」を参照。

（5）人間関係を築ける

　互いに気に入った本について話し合うこと、それだけでも「極上のひと時」と言えるのですが、本について話し合うことでお互いのことが分かりあうようになります。

　話し合いを通して、本が扱っているテーマや社会についての理解が促進されるわけですが、それらはすべて各人の観点や捉え方をベースにしたものですから、発言するたびに自分も含めて互いの理解も進行していくことになります。それゆえ、ブッククラブでは常にほかのメンバーのことと自分自身のことを学び続けることになります。言うまでもなく、人間関係、信頼関係、仲間意識に大きくプラスの影響をもたらします。

　子どもたちは、人間関係を礼儀正しく、かつ効果的につくり出す方法を今どこで学んでいるのでしょうか？　また、様々な問題を解決する方法をどこで身につけているのでしょうか？　個別に行動しながらも、ほかの人をサポートしたり協力しあう方法はどこで身につけているのでしょうか？　一般的な企業は部活動にそれを期待しているようですが、部活動は本当にこれらのニーズを満たしているのでしょうか？

　知識（暗記？）ばかりが優先され、人間関係においてはまったくと言っていいほどコミュニケーションが取れていない学びの場では、上記のような問題点が解消できない状況となっています。

　それに対してブッククラブは、これらを可能にしてくれる場として位置づけられます。もちろん、目的は「自立した読み手」を育てることなのですが、それを実現するための不可欠な要素として、人間関係、信頼関係、仲間意識の構築が位置づけられています。

　ブッククラブは、子どもたちがお互いに依存しあうコミュニティー（民主的な社会）のなかで、お互いを大切にしながらやり取りする方法を練習する場であると捉えることができます。部活動をそのように捉えることは

本についての話し合いはとても楽しい

できるでしょうか？　上下関係の強さが依然として残っているのではないでしょうか。

　ぜひ、部活動においてもブッククラブを導入するとか、ブッククラブ的なことと融合を図るような努力をしてもらいたいと思います。より良い人間関係や信頼関係を形成するため、そして自分たちがこだわっているテーマのさらなる理解を図るために、例えば、サッカー部だからといってサッカーだけに限定せずに広い視野をもって導入してください。

　視点を変えてみると、ブッククラブは人の知的なニーズと社会的なニーズ（相互理解）の両方を同時に満たす仕組みになっていると言えます。本を読み、そして話すことで得られる知的な部分（内容理解）と、上記で紹介したように、互いに話し合うことで参加者が相互に理解を得られることの両方を体感することができるのです。

両者のバランスは、それぞれのブッククラブがベストと思われるものを見いだすべきで、どちらにどれだけの比重をかけるのかということに関しては正解がありません。いずれにしても、内容理解と相互理解（人間関係づくり）の両方がかみあうことで相乗効果を生み出すのです。

さらに、ブッククラブは二つの異なるレベルの体験で構成されているとも言えます。一つは、本を読むという極めて個人的な営みによってつくり出される体験です。同じ本を何人かで読んでも、一人として同じ読み方や解釈をすることはありません。一人ひとりがもっている知識や体験、そして感性が異なるからです。

二つ目は、個々に異なる読み方や解釈をつくり出した何人かが集まって、今度は協力しあって自分たちの意味をつくり出すという体験をします。互いの本に対する反応を共有し、協力しながら振り返り、分析し、批評しあうプロセスを通じて、自分たちの意味や解釈をつくり出していくのです。その行為は、確実に個々のメンバーの理解や解釈（場合によっては、生き方や行動まで）を磨いていくという形でフィードバックされます。

要するに、「一人読み」と「複数読み」でブッククラブは構成されており、その両方に極めて大きな価値があるということです。

ブッククラブの面白さは、これら二つの体験が相乗効果を生み出す形で行われるところにあると言えるでしょう。個々人の読みが洗練されていけば、メンバーが集まっての話し合いの内容も濃くなりますし、グループでの話し合いが深まれば、それが個人レベルでの読みを進化させることにもなります。

互いの考えや想いや疑問などを共有しあうことで互いに変わりあえる、成長できるという環境ほど素晴らしいことはありません。それを実現するためには、会場の雰囲気やコミュニケーションの取り方（どこまで本音や感情を共有することができるのか）などが鍵を握っていることを忘れないでください。

5 ブッククラブの話し合いの特徴

　言うまでもなく、話し合いはコミュニケーションの二大要素である「聞くこと」と「話すこと」で構成されています。ブッククラブは、それらを使って最大限に楽しむと同時に、この二つの能力を伸ばす練習の場として位置づけることができます。

　「いい話し合いで大切なことは？」（会議なども含めた一般的な話し合い）をテーマに、学校図書館の関係者を対象にした研修会のなかで、ブレイン・ストーミング（思い浮んだアイディアを短時間でリストアップすること）の手法を使って出してもらった項目は次の通りです。

- ・全員参加
- ・目的が共有されている
- ・聞く
- ・意見が言いやすい雰囲気
- ・反対意見が言いやすい雰囲気
- ・否定しない
- ・一人が話しすぎない
- ・軌道修正する
- ・キャッチボールができる
- ・長さがほどほど
- ・甘いものがある
- ・事前準備

　私がイメージしたことはほとんど網羅されており、あえて付け加えられるものとしては「ユーモア」ぐらいでした。これらを練習して当たり前にできるようにすることは、単に友達を得る方法を獲得するだけでなく、人に影響を与える方法としても役立つのでとても重要となります。それは、単に知識を覚えてテストでいい点を取る能力よりも、生涯を通じて使えるためにより価値が高いと言えるかもしれません。

　しかしながら、現実を見ると、学校でも、家庭でも、職場でも、いい話し合いをするための練習が行われていません。その方法を知らないから、という感じがします。もちろん、必要性を感じていないという大きな問題

もありますが……。そんな現実のなかにおいて、ブッククラブは類い稀なるよい方法と言えます。以下の**表2**からも分かるように、人として求められる行動様式を練習するいいチャンスを提供してくれます。

　教師主導で行われている一斉授業では、こうした特徴を実現することには限界があります。なぜなら、一斉授業の場合は、あらかじめ教師ないし教科書が描いたシナリオ通りに進めることを目的としているからです。教師と理解力の高い子どもたちの間で行われている正解に集約される形の話し合い（それが「話し合い」と言えるならですが）と、ブッククラブでの話し合いでは、その違いは歴然としています。

　上述したように、たくさんのことが練習で身につくのですから、本来ならもっと話し合いに時間を割くべきなのですが、日本の教育界は、相変わらず知識をもっていると思われている人がそうでない人に話すことが教育だと錯覚し続けています。

表2　ブッククラブの話し合いの特徴

・暫定的（あえて結論は導かない）。 ・探究的。 ・インフォーマルで、正解を求められる一斉授業的な緊張感がない！ ・リーダー／司会者は必要ない（小学校1年生ですらできる）。 ・役割は定めず、進行も柔軟——直線的でなく、行ったり来たりしていい（その過程で、理解を深めたり広げたりする）。 ・優れた読み手が使っている効果的な読み方をすべて使いこなす。 ・沈黙の時間も、大切な思考の時間として認知されている。 ・互いの考えに積み上げる形で、より良い考えにすることができる。 ・よい関係、信頼関係を築く。	・サポーティブな関係で（間違いを恐れる必要なく）、意味をつくり出せる。 ・突発的／ダイナミックに考えが出され、意味がつくり出される。 ・頭だけでなく、ハートも使ったコミュニケーション。 ・個人的な話もOK。 ・冗談を言ったり、笑ったりして緊張を和らげ、いい雰囲気をつくることも大事。 ・よいメンバーになることや協力しあうことを学ぶ。 ・一緒に考える方法と一人で考える方法を身につける。 ・互いを尊重しあいながら話す。特に、聞くことを重視する。

ブッククラブを含めてグループで行う話し合いは、教師がいなくても子どもたち同士で行えるようにすることが大切です。そのためには、効果的な話し方について教える必要があります。モデルを示し、サポートもしながら、練習を繰り返して身につけていきます。

　リーディング・ワークショップ[2]で頻繁に行われる個人に対するカンファランスと同じように、グループに対してカンファランスをします。教師は子どもたちが話し合っている様子を観察することで多くの情報を得ることができ、それらを活用して、最も必要と思われることについてサポートしていきます。

　ここで、「サポート」という言葉を使って「教える」という言葉を使っていないのは、教師の役割があくまでも提案をする人で、選択をして使いこなすのは子どもたちであるという関係性の逆転があるからです。もちろん、教えてもいいのですが、それは子どもたちに受け入れられて、しかも使いこなせるようになるまでサポートし続けることとして捉える必要があります。

　170～176ページで紹介した小学校1年生の事例でも明らかなように、グループをつくって「さあ、話し合ってください」と言ってもなかなか中身のある話し合いができなかった子どもたちも、モデルを示されたり、繰り返し行う練習で自分たちだけでも徐々にできるようになります。

　できるようになってからも、教師にはまだ役割があります。それは、常により高いレベルの話し合いに導くことです。「これぐらいでいいだろう！」と、教師も子どもたちも満足しないことです。大切なのに見逃した言葉や情報の確認、そしてもっと話し合いが深まるような問いかけをすることが重要となります。

★2★リーディング・ワークショップについては、『リーディング・ワークショップ』（ルーシー・カルキンズ著）と『読書家の時間』（プロジェクト・ワークショップ編著）を参照。これらのなかで、ブッククラブは大事な柱として位置づけられている。また、カンファランスについても詳しく紹介されている。リーディング・ワークショップは「カンファランス・アプローチ」とも言われている。カンファランスを中心に据えた教え方・学び方は、教育の本質を捉えている。

そのためには、しっかりと振り返り(自己評価+相互評価)、自己修正・改善を絶えず継続できる仕組みづくりが重要となりますし、教師のカンファランスやコーチングも継続的に行う必要があります。

6 「クラブ」の特徴

自分は学んでいるとも思わずに、実際には多くのことを学び続けているという、ある意味で理想的な学びのコミュニティーとして「クラブ(同好会ないしサークル)」の存在があります。世の中には、公的なものや民間が運営しているものを含めてたくさんのクラブがあります。あらゆる種類のスポーツや音楽・芸能、そして趣味など、市報や区報などを見るだけでもかなりの数に上るでしょう。

それらのクラブの特徴というか、環境を整理すると次のようになります。

①メンバーは、面白く価値があると思っているので参加している。
②メンバー同士が互いをよく知っている(または、クラブでの活動を通じて知り合いになる)。
③活動を通して相互に学び合いながら成長している。
④互いを信頼しあっている/貢献できることを認めあっている。
⑤探究すること/究めていくことに焦点を当てている。
⑥メンバーの多くがクラブの運営の管理と責任を共有しあっている。
⑦押し付けでなく、よい雰囲気と選択があるなかで活動している(話し合っている)。
⑧体験学習のサイクルで学んでいる。
⑨ベストを尽くそうと努力している。
⑩自分の存在や試みがメンバーの変容をもたらす体験がある。
　　　　　　　　(傍点部分については、以下の補足で詳しく説明します。)

これらの特徴について補足しておきましょう。

①〜③は、困難な状況をリスクとは感じず、挑戦と捉えることができるでしょう。また、メンバーの接し方は、新人もベテランも基本的には同じで、新人がバカにされることはありません。単に、経験が少ないだけと捉えられ、新人はベテランを見本にしながら上達していきます。

④は、ほかのメンバーに認められることで自分自身をこれまでとは違う形で見られるようにもなり、自信がもてるようになります。つまり、自分一人では気がつくことのできない自分に気づけるというメリットは大きいです。

⑥と⑦は、リーダー／代表や教師、あるいは先輩たちに委ねることなく、メンバーにオーナーシップ（自分のものであるという意識）があるという環境です。そのためには、自分たちが選択するという要素が欠かせません。何と言っても、押し付けられたことをこなすのではオーナーシップはもてませんから。同時に、言いたいことが言え、聞きたいことが聞ける雰囲気があるということです。

言い換えれば、気兼ねや遠慮、あるいはほかの誰かの出方を勘ぐらなくてもいいという状態です。残念ながら、教師主導の一斉授業や上下関係が維持されたままの部活動では、この雰囲気や環境は極めて希薄なものとなっています。

⑧は、まずは試してみて／話してみて／読んでみたうえで振り返って、それを次回の改善に活かすことができるというサイクルがあるということです。内容と方法の両方について振り返ることで常に選択肢が提供され、確実に修正・改善されていきます。個人レベルとクラブ全体でこれができるのかによって成長のスピードが決まる、と言い切れるぐらい重要な要素となります。

最後の⑨と⑩は、ちょっと説明が長くなります。私が15年ほど前に出合って訳した『エンパワーメントの鍵』という本と、5年ほど前に出合った絵本『てん』との関連で紹介していきます。

ピーター・レイノルズ／谷川俊太郎訳、あすなろ書房、2004年

　私が、『てん』を最初に読んだ時は、先生の「素晴らしい問いかけ」、「ユーモアのセンス（吹雪のなかの北極熊ね！）」、「機転（ちっぽけな点を金色の額縁に飾る）」にいたく感心しました。いや、「感動した」と言ったほうが正しいかもしれません。

　その後、10回ぐらい研修会で読み聞かせをしたのですが、この本のすごさを見抜くことができず、15回目ぐらいに読んだ時、ようやく図１のような関係性に気づきました。私などと違って、１回でこのような関係性に気づく人もいるでしょう。

　いずれにしても、たとえ絵本であってもよい本は繰り返し読むことに意味があるということです。それでは以下で、図の流れに沿って⑨と⑩のテーマに基づいてクラブのメンバー同士の関係を説明していきますが、これはあらゆる組織において応用できることでもあります。

　やはり、先輩である教師からの問いかけ、それも「クリティカルな問いかけ」が決定的に大切です。後輩である子どもによっては、それがないと動き出せない場合も少なくないからです。

　「クリティカル（critical）」には、「批判的な」という意味だけでなく「とても重要な」、「大切な」という意味もあります。日本では、「クリティカル・シンキング（critical thinking）」を「批判的思考力」と一般的に訳していますが、それも含めて「大切なものを選び抜く力」が必要だと私は思っています。

　その「クリティカルな問いかけ」が教師から投げかけられたことによって、主人公の少女ワシテには「点を描く」というビジョンができました。

図1 『てん』から導き出されること

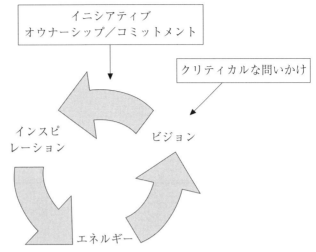

(出典：『エンパワーメントの鍵』(実務教育出版)の83ページの図に加筆・修正)

　その際に大切なことが、「イニシアティブ」および「オーナーシップ」と「コミットメント」です。全部カタカナですみません。ある意味では全部似ています。
　イニシアティブ（initiative）は、自分の選択で主体的に動き出すという意味です。オーナーシップ（ownership）は、自分のものと思えることです。言われたからするのではなく、主体的にするということです。そしてコミットメント（commitment）は、自分が主体的に決めて、心底打ち込むという意味です。
　ビジョンとこれら三つが揃ったので、「インスピレーション（inspiration）」が止めどなく湧いてきました。インスピレーションは通常「ひらめき」と訳されますが、語源は「息を吹き込む」、「命を吹き込む」という意味です。ワシテは、まさにそんな状態でいろんな点を描きました。そして、点を描かないで点を描くことまでしてしまいました（次ページの図を参照）。
　このこと自体が、ワシテのエネルギーを引き出していたと思います。ま

てんを　かかないで　てんを　つくることまで　やってのけた(『てん』19ページより)

さに、元気になっていったのです。つまり、ベストを尽くさずにはいられない状態です。

そして、展覧会で発表するチャンスをもらったことで評価を得ると、自分の体験を次の人に提供する立場になっていきました。今度は、自分が「クリティカルな問いかけ」をし、「ビジョン」を提供する側になったわけです。

このように、どんどんクラスのなかや学校（あるいは、役所や会社やNPO）のなかでサイクルが回っていったらすごいと思いませんか？　また同時に、見事なぐらいにクラブの特徴を表しているとも思いました。[★3]

　もちろん、今述べた解釈は、作者のピーター・レイノルズさんと訳者の谷川俊太郎さんにとっては「ありがた迷惑」かもしれません。しかし、これが現時点での私のこの本に対する解釈です。あと10回ぐらい読むとまた変わるかもしれませんし、そうあってほしいと思っています。

　教師主導の話し合いをいくらやっても、上述した①〜⑩はほとんど得られません。ひょっとすると、マイナス作用を及ぼすほうが多いかもしれません。通常の授業は、できる子とできない子が歴然と分けられてしまっており、教師と少数のできる子どもたちで展開されています。残りの子どもたちは「観客」でしかないのです。

　実態はもっとひどいかもしれません。できる子どもも含めて、どのよう

に話し合いに参加していいのかと子どもたちは困っています。常に、教師の顔色をうかがわざるを得ない状況に置かれているのです。

　それが理由でしょうか、子どもたちは教師が欲していることを見抜くのがとても上手です。それは、親に対しても同じです。常に顔色をうかがう練習をしているわけですから、教師や親の期待に応じて見事な対応をしています。でも、それは本当の自分ではありませんから、かなり疲れているはずです。

　日々、こういう練習ばかりを22～23歳までやり続けた結果、会社や役所やPTAなどの組織に入っても、小・中・高校の授業レベルとまったく同じような対応や人間関係しかできないのです。それに対して、ブッククラブでは、「安心して自分の言いたいことが言え」、「聞きたいことが聞ける」と子どもたちは言います。

　通常の授業では、誰かが正しい答えを言ったらそれで話し合いは終わり、次に進みます。たとえ、ほとんどの子どもたちがその答えを出せるところまで到達していなくてもです。あるいは、少数の子どもたちがそれに対して反対の考えをもっていても次に進みます。

　一方、ブッククラブでは、「正しい／正しくない」という考え方はあまり重要視しておらず、違った考えや意見をできるだけ集めたほうが面白いとさえ考えています。大切なのは、正解など存在しないのだから探究し続けること、そして少数意見も大切にすることです。

　⑤の「探究し続ける」は、言葉で言えば簡単なことですが、実際は自分たちが意味を感じられるものでないと継続することができません。通常行われている一斉授業／教師主導／教科書主導の授業では、すでに正解が全部提供されているのですから、主体的に学ぶという姿勢が生まれるはずがないのです。

────────────────────────────────────

★3★レイノルズ氏は、『てん』の続編として『っぽい』と『そらのいろって』を書いている。ワシテに問いかけられて線を描きはじめたラモンとその妹のマリソルの物語で、『てん』と一緒に是非読んでいただきたい。

読み・書きを含めて通常の授業は、自らのために受けているというよりは、教師のために（あるいは、教師のノルマを満たすためのお付き合いとして）受けているという子どもたち（小学校の中学年以上）が圧倒的に多いのです。それゆえ、単純に楽しくありません。その理由はいろいろありますが、その一つは、教師ないし教科書から正解が提供され、自分たちで考え出す／つくり出すといった活動が皆無に等しいからです。

繰り返しますが、そんな授業とは逆に、自分たちが協力しあって一緒に意味をつくり出すところがブッククラブなのです。いい話し合いをしだすと、時間や場所は関係なくなります。できることなら、子どもの時からこういう体験をしてほしいと思います。

体験学習のアプローチをとるブッククラブでは、意図しない教えあい（協力しあい／刺激しあい）が生徒間で無数に行われます。それは、教えている者にとっては教えているという意識が乏しく、また学んでいる者にとっては教えてもらっているという意識が乏しい学び方です。まさに、浸る形での学びというか、自然な学びと言えます。[★4]

よい関係や雰囲気は、ブッククラブにおける学びの質や量を決定づけるだけでなく、通常の授業における学びの質や量も決定づける重要な要素となります。にもかかわらず、このことに気づいている教師やリーダーが極めて少ないというのが現状です。つまり、どういう状況でこそ子どもたちはよく学べるのか、ということを考えていないということです。[★5]また、子どもたち自身も、自ら話すことが大切だということに気づいていないと言えるでしょう。

このことは、子どもたちに限らず、職員会議、校長と教師、教師同士の関係、文部科学省や教育委員会の役人と学校現場の人たちのやり取りの場など、すべてに言えることです。そして、このような状況は、教育の場だけでなく広く社会や会社のなかにもまん延しています。

7　ブッククラブの理論的な背景

　ここでは、1冊の本についてメンバーが反応しあうというアプローチの理論的な背景について、当時ナショナル・ルイス大学の教授だったハーヴィー・ダニエルズ（Harvey Daniels）が1994年に出した『Literature Circles（文学サークル）』の第2章を参考にしながら説明していきましょう。

（1）「読むことは考えること」についての研究

　読むことは、長年、ブラックボックスとして捉えられてきました。何と言っても、頭の中で起こっていることは誰にも見えませんから。日本では、いまだに、「読む力は教えるものではなく、本を好きになってたくさん読むことで勝手についてしまうもの」と思っている人が少なくありません。さらに、国語の授業でしていることは、読むことや読書とは関係ないものであり、あくまでもテストのためにしていると捉えている子どもたちが多いのです。

　このような状況はアメリカでも同じでした。しかし、1980年代から1990年代にかけて、それでは読む力がいっこうにつかないということで、優れた読み手は読んでいる時にどんなことを考えているのかを調べてみたわけです。それが「読むことは考えること（Reading-as-thinking）」という研究です。その結果、分かったことは以下のようなことです。

❶自分の知識や体験と関連づけている。
❷イメージを描いている。

★4★拙著『「読む力」はこうしてつける』の65～66ページ、ナチュラル・ラーニング（自然学習）モデルを参照。
★5★前掲書の58～63ページの「学びの原則」を参照。

❸質問を考えている。

❹行間を読んでいる（推測している）。

❺何が大切なのかを見極めている。

❻自分なりの解釈をつくり出している。

❼自らの理解をチェックしたり、読み直したりして修正している（詳しくは、拙著『「読む力」はこうしてつける』を参照してください）。

（2）読者反応論

　意味はどこにあるのでしょうか？　書かれているもの（テキスト）のなかにあるのでしょうか、それとも読み手がつくり出しているのでしょうか？　これも、長年にわたって論争が絶えないテーマの一つです。日本では、テキストのなかにある（ないし、書いた当人が答えをもっている）という立場が今でも一般的です。

　しかし、読者反応論の考えは、読み手とテキストの両方、そして読み手が置かれている状況にあるというものです。前半の部分は、読み手とテキストとの「やり取り」を意味しています。そして、後者の「読み手が置かれている状況」を重要視しているのは、同じ人でも読む時によって読めるものが違うということです。

　読者反応論の中心的な提唱者のルイーズ・ローゼンブラット[★6]は、以下のように書いています。

> 　作者が書いたテキストは、読者が読んで意味をつくり出すまでは単に紙に落ちているインクにすぎない。

　したがって、同じ本を読んでも、一人ひとりがつくり出す意味は違うということです。だからこそ、ブッククラブに参加する価値があるわけです。互いの反応を紹介しあうことで、多様な意味や解釈が知れるのです。

（３）社会的構成主義

　学習を、学習者が「白紙」の状態から知識を受動的に蓄えていくことと捉えるのではなく、学習者が体験したり、すでにもっている知識と関連づけながら新しい知識を構成していくものと捉えているのが「構成主義」です。つまり、過程として捉えているのです。

　さらに、「構成主義」が一人ひとりの学習者が知識の構成を行うという捉え方であることに対して、「社会的構成主義」は、人と人とのやり取りのなかでこそ知識や意味はつくり出されていくと考えられています。後者は、各人の考えや反応を共有しあうことで意味や理解を広げたり、修正したり、一人ではつくり出せないより高いレベルの思考や理解をつくり出すことが可能になります。

　「構成主義」の牽引者はジャン・ピアジェで、「社会的構成主義」の牽引者はレフ・ヴィゴッツキーだと言われています。[7]

（４）グループ・ダイナミックス（集団の力学）

　ドイツ生まれで、アメリカに渡って多くの業績を残したクルト・レヴィン[8]によって1930年代に創始されたのが「グループ・ダイナミックス」という実証的研究です。集団のなかで、構成員が相互に影響を及ぼしあって集

★6★Louise M. Rosenblatt は、2005年に100歳で亡くなった。フランスのソルボンヌ大学で博士号を取り、長年ニューヨーク大学で教授を務めていた。ブッククラブを含むリーディング・ワークショップの実践者たちに大きな影響を与えている。代表作は、『Literature as Exploration（探究としての文学）』と『The Reader, The Text, The Poem（読者、テキスト、詩）』。

★7★Jean Piaget（1896〜1980）はスイスの心理学者で、20世紀において最も影響力の大きかった心理学者の一人。教育の分野への貢献も絶大。Lev Vygotsky（1896〜1934）はベラルーシ出身で、旧ソビエト連邦の心理学者。若くして亡くなったことを惜しむ声が大きく、近年、教育の分野での影響力を増している。

★8★Kurt Lewin（1890〜1947）は、マサチューセッツ工科大学（MIT）にグループ・ダイナミックス研究所を創設した。「社会心理学の父」と呼ばれ、集団での意思決定の研究、「アクション・リサーチ」という研究方法、グループ・ダイナミックスによる訓練方法（特にTグループ）など、その業績は多方面にわたった。

団が発展していくプロセスや、集団とその構成員の関係をテーマにしており、その成果は様々な場で応用・活用されています。

　集団の力学は、よい方向に向かうとプラスのエネルギーを誘発し、全員が自発的かつ創造的な発言をします（行動をとります）。一方、逆の方向に向かうと不必要な衝突を起こしたり、人間関係を損なったり、消極的で達成感のない話し合いになってしまいます。単にグループにすれば常にプラスに機能するというわけではないので、人選、雰囲気づくり、進め方などに気をつける必要があります。

　以上の四つの以外にも、ブッククラブは、ジョン・デューイ、カール・ロジャーズ、ニール・ポストマンらの考えの影響も受けています。[★9]

8　日本の読書会の歴史とその衰退──今、復活の兆しも？

　日本で「ブッククラブ／読書会」関連の本を探そうと思ったのですが、私が想い描いていたものを見つけることができませんでした。それほど一般性がないというか、そのパワーが日本では知られていないということだと思います。とはいえ、日本語で読めるよい本が存在しないという事実が、私に本書を書かせるきっかけになったわけですから、私にとってはラッキーだったと言えます。

　「読書会」というテーマで見つけた数少ない本のなかに、『読書会の指導』がありました。なんと、出版されたのは1957年です。ちなみに、この本は「読書指導研究叢書」の第４集で、他の３冊は「教科学習と読書活動」、「読書記録の指導」、「読書問題児の指導」というタイトルになっています。

　さて内容ですが、当時は今よりもはるかに読書教育に熱心だったことや、現在でも十分に通じる読書会の狙いが設定されていたのでビックリしました。

貧しい山間の子どもたちが雑誌を共同購入する形で、自然発生的に読書会がはじまったり（『読書会の指導』１ページ）、熱心な教師の私設図書館での読書会が行われていたこと（前掲書、２ページ）などが書いてあります。貧しかった時のほうが、豊かな時代よりも本を読もうとしたのか……とさえ思われます。さらに、以下のように続いています。

　公共図書館が、おもに青年層を対象として、読書会の普及にのりだしたのは、昭和十年前後であった。その先鋒となったのは、石川県の当時の図書館長であった。ちょうど大政翼賛運動がようやく白熱しかかっていたときなので、その一翼をになうのが直接の動機であったらしい。

　県下の部落ごとに、それぞれ読書会が作られた。雪の多い冬の間が、この地方の読書期なのである。中央図書館からは、青年必読の図書群が巡回され、館長みずから雪靴をはいて指導にまわったと聞いている。

　この運動は、全国に広がった。選ばれた本はみな、大政翼賛の精神に沿ったコチコチの本であったが、青年たちはこれをかじって、よい戦士に育ったのである。

　戦後は、指導方針が変わったけれど、公共図書館の指導する読書会は、なお続いている。発生の地、石川県下だけでも三百有余の読書会が現存するということである。

　戦後の運動で注目にあたいするのは、長野県の PTA 母親文庫であ

★9★シカゴ大学の教授だったジョン・デューイ（John Dewey）は、革新的で生徒を主役にした教育や体験を通した学習が語られる時に必ずと言っていいほど引用される。主著は、『民主主義と教育』や『体験と教育』など多数。
　カール・ロジャーズ（Carl Rogers）は、カウンセリングで来談者中心療法（Client-Centered Therapy）を創始し、1960年代以降はそれを教育に応用することにも熱心だった。教育分野での主著に『学習する自由』（第３版）があり、私がすすめる３冊の教育書の一冊。
　ニューヨーク大学の教授だったニール・ポストマン（Neil Postman）は、『Teaching as a Subversive Activity（教えることは破壊的な活動）』や『Teaching as a Conserving Activity（教えることは保守的な活動）』などで革新的な教育の必要性を主張し、具体的なアイディアも多数提示した。ブッククラブとの関連では、子どもたちの問いと本の大切さを強調していた。

る。ここでは母親たちが四人一組になり、毎月一冊を図書館の配本所から借り出して、回読する[10]しくみになっている。このような組織が全県で一万二千組、五万人に達しているというから、すばらしいではないか。

この種のPTA読書会は、いまや全国各地に芽生えつつある。いわゆるインテリの有閑マダムの余技ではなく、家事、家業に目のまわる思いをしている主婦たちが、わずかの時間をさいて本を手にするのである。

学校図書館が普及した最近の学校では、ほとんどどこでも、読書指導の一環として、読書会を経営しているようである。(前掲書、3～4ページ)

戦士を育てるための手段として読書会が位置づけられていたという、戦前の悲しい歴史を知ることができました。そして、戦争が終わり、公共図書館の役割も変わるわけですが、私が住んでいる町の図書館は、60年近く前の1962年に設立しています。しかも、地元に駐屯していたアメリカ軍の提案によって誕生したというのですから驚きです。

ひょっとしたら、このような図書館が全国には結構あるのではないかと想像します。要するに、アメリカ軍が日本の民主化の一貫として図書館を位置づけて、設立を後押ししたということです。

1950年代は、読書指導がこんなに熱心だったことが分かる記述ですが、高度成長期を経て、興味・関心の多様化も叫ばれてきた現在はどうなってしまったのでしょうか？ 少なくとも、PTAに読書会があるなどということは過去50年間ぐらい聞いたことがありませんし、学校図書館で読書会をしているという話も聞いたことがありません。1950年代から1970年代にかけてだけの出来事だったのでしょうか？

『読書会の指導』では、読書会を「計画的に何名かの読者が集まり、一

定の読書活動を共有する場合を設定したもの」（6ページ）と捉え、子どもも大人も育てるものであるから有効に活用したいとしたうえで、大事なポイントを以下のようにまとめていました。

　本格的な読書会は、もっと相互的な集団効果を期待するものである。すなわち、読書そのものの過程は、かならずしも共有しなくてもよい。それよりも大事なのは、読書の前、後、あるいはその中間における、会員相互の磨きあいである。ふつうは、これは、話し合いの形式で行われる。試みにその効果を分析してみると、

　①何を読むかの話し合いをすることによって、自分の興味のあり方を、みずから評価することになる。未読の興味の領域を知ることもできる。

　②どのように読むかを話し合うことによって、読書を計画的に行う態度が養われる。

　③グループの活動に参加するという意識が、読書への動機を高める。個人的に読む場合よりも、熱心に読むようになる。

　④読んだあとで発表しなければならないから、読みに注意をし、理解が精確になる。

　⑤読後の発表をするために、読み取ったことをまとめる必要があり、これがいっそう理解を深める。

　⑥自分の感想を述べることが要求されるので、内容を批判的にながめる態度と能力とが養われる。

　⑦他人の発表を聞くことによって、読書活動の適否を評価する目が肥え、自分に対しても批判するようになる。

　⑧他人の見解と自分の見解との差異を検討し、たがいに補いあい、正しあうことによって、理解がさらに徹底する。

★10★厳密に言うと、長野県のPTA母親文庫は読書会ではない。ここに「回読」とあるように、基本的には一人一週間ずつ個別に読んで、それを順番に回していくという読み方をとっていた。

⑨会の運営に協力することによって、自治性、協力性、友好性などの望ましい社会的態度がつちかわれる。

⑩会に所属するという意識が、誇りと自信とを与え、読書活動への関心を高めるとともに、生活に安定をもたせる。

などのことが考えられる。（前掲書、7ページ）

現在でも十分に説得力のある項目ばかりですが、疑問となるのは、これだけ効果が見込めたものが学校やPTAから消えてしまったのは何故か、ということです。そもそも定着していなかったのでしょうか。ご存知の方がいらっしゃったら、ぜひ教えてください（連絡先：pro.workshop@gmail.com）。

日本に存在する読書グループについては、（社）読書推進運動協議会が5年おきに調査して『全国読書グループ総覧』を出しています。[*11] 最初に調査をした1971年版では、読書グループの総数が11,710あり、以降、1978年（14,478）、1983年（15,894）、1989年（11,859）、1993年（9,865）、1998年（9,640）、2003年（8,692）、2008年（8,483）と推移しています。1980年前後をピークにそれ以降は急下降し、最新版の2008年ではその半分近くになっています。

この数字を読書推進運動協議会の調査担当者に解説してもらったところ、「1950〜1960年代に、お母さん方の啓蒙活動（お母さんたちを賢く）として読書会、読書グループはスタートしました。年齢を加算して自然消滅したグループが多いですし、お母さん方が仕事をもつようになり、時間が取れなくもなりました」という答えをいただきました。

1971年版ではグループの平均年齢も集計していたのですが、34歳となっていました。その人たちが20年経つと54歳、30年経つと64歳ですから、「年齢を加算して自然消滅」というのは納得です。

2008年版によると読書グループの総数は8,483となっており、その内訳は、「子どもの本」を対象にするものが6,254で、一般（大人）の本を対

象にするものはわずか2,758でしかありません。1971年当時は絵本などが少なかったこともあり、11,710の多くが一般対象だったはずですから、一般対象の読書グループの減り方がさらに著しいことが分かります。

さらに、2,758のなかでも、自分たちの活動内容を「読書会」と答えているものは1,831しかありません。それ以外は、研究会、読み聞かせや紙芝居や人形劇などの実演グループ、そして文庫やミニ図書館です。

この数字から、現時点で読書会に参加している人数を予測すると、各グループに10人のメンバーがいると仮定しても全国に約18,000人しかいないという計算になります。前述した『読書会の指導』の石川県下だけでも三百有余の読書会があった（1グループ10人として約3,000人。47倍して全国換算すると約141,000人。その半分に見積っても約70,000人）ことを思うと、想像を絶するほどの減少傾向と言えます。

この件に対して先の担当者は、「文庫活動のピークは1960～1970年代でした。地域の図書館が少なかったので、自宅などでの文庫活動が活発に行われていました。しかし、1990年代には『子どもの活字離れ』が問題化し、2000年に『子ども読書年』が設定され、それまでの草の根運動と国からのアプローチがうまく接点を見いだし、読み聞かせグループが急激に増えることになりました」と説明してくれました。

しかし、その読み聞かせの対象は小学校の低学年でほぼ終わっています。読み聞かせが小学校の低学年でストップしてしまう現状を、担当者は以下のような理由を挙げて説明してくれました。

・子どもたちの関心が多様化する。
・自分で読めるようになる。
・地域のスポーツ、塾、お稽古事で忙しくなる。
・本自体も少ない（絵本以外の児童文学が少ないということ）。

★11★この調査は、図書館や公民館などのネットワークを通じて行われているものと推測できるので、図書館や公民館が把握していない団体やグループは数に含まれていないと思われる。

このような理由で納得してしまっていいのでしょうか？　あれほど、就学前児童と小学校低学年の子どもたちに対して読み聞かせをすることが大切だと言っている人たちが、それ以上の年齢の子どもたちに興味を示さないというのは理解できません。

アメリカ教育庁が1985年に発表した「Becoming a Nation of Readers（読むことを大切にする国になる）」という報告書では、「読めるようになるための最重要事項は読み聞かせである」と言い切ったうえで、「子どもたちが自分で読めるようになっても、すべての学年を通して読み聞かせをしていくべきだ」としています（『リーディング・ワークショップ』44ページ）。また、書くことを学ぶ際にも本が重要であること、特に、読み聞かせの大切さについて目を向けるべきであることが『ライティング・ワークショップ』の第7章に詳しく書かれています。

もちろん、すべてのことが読み聞かせによって解決するわけではありません。ブッククラブを含めて多様なサポートの必要性が上記の2冊の本で紹介されていますので、ぜひ参考にしてください。

特に、一種類の読み聞かせしか日本に存在しないという事実は致命的と言えます。学校の教師や図書館の関係者も含めて、読み聞かせにかかわる人たちには、多様な読み聞かせの仕方というか、読み聞かせの活用法があることをぜひ知っていただき、必要に応じて使い分けていただきたいと思います。そうすることによってこそ、子どもたちの読む力は磨かれていくのです。[12]

「復活の兆し」とまでは言えないかもしれませんが、今新たな人たちが日本の読書会を活性化し始めています。それはビジネス・パーソンたちであり、若い人たちです。主にインターネットを使って広報しているのが特徴で、新しい出会いや学びを求めているのです。地縁や従来の人間関係ではつくれなくなったコミュニティーを、本やテーマを介してつくってしまおうという動きです。

第1章　ブッククラブの特徴、歴史、広がり　51

　集まる時間は、地域やPTAの読書会や読み聞かせが昼間中心に行われるのに対して、こちらのほうは朝の出勤前や夜の仕事帰りが中心となっています。でも、その数は、私の見積もりでは全国的に見てもまだ50〜60というところ（多く見積もっても100）なので、1グループ10人と仮定しても500〜1,000人でしかありません。今後は、ネットを活用した読書会が日本でも盛んになることが、次に紹介するアメリカなどの経験から十分に予想がつきます。

9　海外のブッククラブの歴史と広がり

　イギリスでは、すでに17世紀からブッククラブが行われていました。その目的は、「仲間づくり」、「知的な成長」、「自己改善」で、ブッククラブ＝女性の会でもありました（Good Books Lately, p.3）。

　『読書と読者』という本のなかで、ジェニー・ハートリー（Hartley）という研究者がイギリスの350の読書グループを調査しており、69％は全員が女性のグループ、27％が男女混合、4％は全員が男性であったことを紹介しています。なお、そのなかには、非常に新しいグループもあれば、25年以上続いているグループもありました。また会合は、80％が会員の家で、6％は図書館で開いていました（『読書と読者』290ページ）。

　一方、アメリカの状況はというと、公立図書館の75％は女性によって設立されました。選挙権をもたなかった女性たちによって造られたのです。これが、ブッククラブへと確実につながりました（Good Books Lately, p.6）。

　ボストンに、1877年から続いているブッククラブがあります。会員が何世代も引き継がれている例も少なくありません。20代後半から90代までの年齢の人たちが会員となっていますが、このクラブの会員になるためには

★12★特に、『リーディング・ワークショップ』の第3章「読み聞かせと考え聞かせ」と第9章「話すことを読むことに活かす」を参考。

かなりの時間を必要とするようです。それほど人気のブッククラブなわけです。

　これまでに何を読み、どんな話し合いがなされたのかの記録もしっかりと取り続けています。ちなみにテーマですが、それぞれの時代を象徴するようなものが選ばれています。特に特徴的なのは、戦争中のテーマでした。1920年代には、なんと北欧のフォルケホイスコーレについても読んでいました（Good Books Lately, p.161）。[13]

　このように、ブッククラブの多くは、歴史的に見て女性たちの会だったと言えます。これは、教育の機会が男性たちと同じように女性たちに提供されていなかったことが反映していると思われます。また、ブッククラブの誕生する背景には、教会で行われているバイブル・クラブ（聖書の読み会）の影響もあったでしょう。何といっても、上記で指摘されたブッククラブの目的である「仲間づくり」、「知的な成長」、「自己改善」の三つがすべて抑えられているのですから。

　新しい動きとしては、全米でもトップクラスの人気番組の司会者だったオプラ・ウィンフリー（Oprah Winfrey）が、1996年に自らの番組でブッククラブをやりはじめたことが挙げられます。これは2009年まで続けられ、番組を2011年に終了させてからは、自分のサイトでプロモートし続けています。これが、アメリカおよび英語圏のブッククラブ熱を煽ったことは間違いないでしょう。

　カナダのオンタリオ州の公共放送ネットワークであるTVOも番組を常設し、そこであらゆる種類のブッククラブ（ハイスクールの生徒グループ、スズキとGMの合併会社CAMI自動車工場のワーク・グループ、引退した教師グループなど）の会員が愛読書について話したり、愛読書を推薦したりしている様子を放映しています。要するに、カナダではブッククラブが主流メディアに入り込んできているということです（『読書と読者』285ページ）。

それに対して、日本のテレビ番組は相変わらず有名人や評論家の本の紹介に終始しています。そのうちの一つであるNHKBSの「週刊ブックレビュー」は、2012年3月をもって21年間続いた番組に終止符を打ちました。この事実も、日本と欧米の本を読むという文化を象徴する出来事の一つと言えます。

　もう一つの新しい動きは、顔をあわせないで行うオンライン・ブッククラブの普及です。顔をあわせて行う限りは常に場所と時間の制約を伴いますが、オンラインであれば、場所にも時間にも拘束されずにブッククラブが行えるという利点があります。特定のジャンルやテーマ、そして作家に興味のある人は世界中どこからでも参加できます。

　現在、最も増えているブッククラブは間違いなくこれです。家にいながらしにして（もちろん、会社や電車に乗っている時、飛行機の待ち合わせなどでもOK）、自分の空いた時間を使って、ブッククラブの目的である「仲間づくり」、「知的な成長」、「自己改善」が達成できてしまうのです。

　人数的には、アメリカで13年前に約1,000万人が対面式のブッククラブに参加していたという数字があり、2007年頃には、それが2,000〜2,500万人に増えているだろうと予測している人がいました。[14]ちなみに、この数字のなかには、把握しようがないためオンラインで参加している人の数は含まれていません。

　ベルギーでも、オンラインで参加している人を除いて500万人以上が参加しているという数字があります。[15]そして、198ページで紹介するスウェーデンでは、少なく見積もっても学習サークルに参加している3分の2以上はブッククラブを伴った会を運営していると思われますから、190万人以上が参加していることになります。

★13★成人教育運動。『改訂新版　生のための学校』清水満著、新評論、1996年、参照。

★14★出典：http://futureperfectpublishing.com/2007/07/03/an-interview-with-diana-loevy-author-the-book-club-companion/

★15★出典：http://www.slate.com/articles/news_and_politics/assessment/2011/07/book_clubs.html

要するに、欧米人たちは、「ブッククラブは楽しくかつ得るものがある
からするし、かつ続いている。社会を成り立たせる要素として不可欠なも
の」と捉えているようです。そして、こうした価値観とそれに基づいた練
習は、1990年代以降、「パート２」の「第２章　学校でのブッククラブ」
で紹介するように、リーディング・ワークショップの一貫として、幼稚園
や小学校の低学年から学校教育で広く行われています。それに対して、日
本ではその価値も練習の必要性もいまだに認められていません。この違い
は極めて大きいと言わざるをえません。
　「パート２」の事例集では、アメリカのブッククラブの具体例も紹介し
ますが、あえて「母親と娘たち」および「父親と息子たち」という極めて
変則的な組み合わせのものを選びました。欧米では、圧倒的多数が大人た
ちだけでブッククラブが行われている現状があります。このような大人た
ちの会は、日本人の事例として紹介したものと変わるところがありません
からあえて紹介しませんでした。

＊　＊　＊

　本章に関連する情報の追加は、https://wwletter.blogspot.com/2012/12/blog-
post.html に書いていますので、そちらをご覧ください。唯一、江戸時代に行
われていたブッククラブである「会読」の三つの原則を紹介しておきます。
　「会読は、複数の人が（自発的に）定期的に集まって、一つのテキスト
を討論しながら共同で読み合う読書・学習方法である。この方法には、相
互コミュニケーション性、対等性、結社性という三つの原理があった」（前
田勉著『江戸の読書会』54ページ）。これら三つの原則は、本書で紹介し
ているブッククラブに見事なぐらいに当てはまっていますし、それを身分
制が厳しい江戸時代に実現していたのですから、欧米の18世紀のブッククラ
ブにまったく引けを取らない形が日本にも存在していたことを証明して
くれています。『源氏物語』や『方丈記』などがどのような読まれ方をし
ていたのか、と思いをはせてしまいます。

第2章
多様にあるブッククラブの進め方

　本章では、多様なブッククラブ（読書会）の進め方を紹介します。紹介の順序は、個人的にあまりよいとは思っていないほうから先に、最後が最もおすすめするブッククラブという順番で並べました。もちろん、目的次第では、最初のほうに紹介している方法でも十分に価値があります。

　私のおすすめ度の基準は、第1章ですでに紹介したブッククラブの特徴などをどれだけ満たしているか、さらには、第3章で紹介するブッククラブが可能にしてくれる効果をどれだけ獲得させてくれるか、などです。

1 多様な進め方──輪読会

　私にとって輪読会は、大学で行われている研究や勉強の手段というイメージが強く、「楽しい」という側面があまり感じられません。もっと言えば、「やらなければならないもの」とか「教授に巻き込まれてするもの」という印象がつきまとってきます。

　また、いい話し合いが展開するであろう人数の適正規模も考えていないのでは、とも思っています。参加者が、言いたいことが言えたり、聞きたいことが聞けたりする適正規模を超えているという意味です。さらに、上下関係が維持されたままという印象ももっています。

　もちろん、その目的がコミュニケーションをとることではなく、本や論文に書いてある内容理解にあるのであれば問題ないかもしれませんが……

コミュニケーションがとれていなくて理解することは可能なのか、と不思議に思います。

（1）大学などで行われている典型的な輪読会

　1冊のテキストを各章ごとに分担して、そこに書かれている内容のダイジェストと、そこに書かれている内容に関連する情報をまとめたレジュメ（要約）をつくり、プレゼンテーションをしています。その後、発表に対する質疑応答やほかの参加者が抱いた疑問、意見、情報提供などをもとにして話し合いが進められています。

　担当者がレジュメを用意してきて、それに基づいて発表することが中心に据えられているため、行われる議論もそれに引っ張られる傾向が顕著となっています。ほかのメンバーの発言や疑問は二義的なものという位置づけになりがちで、「主役」と「観客」という役割がはっきりとしています。

　進行役（リーダー＝教授）の歴然とした存在も見逃せません。全体を管理・運営する存在となっている進行役が、最後に「まとめ」や「結論」めいたことを言う役割を担っている場合も少なくありません。ひょっとしたら、参加者もそれを期待しているのかもしれません。要するに、対等な関係ではなく、アン・イーブンな関係というか、依存関係にあるのが大学などで行われている輪読会（研究会）に対する私のイメージです。

　大学時代にこのような輪読会を体験した30代の男性は、次のように回想しています。

　「興味がなく、単位のためにとらなければならないというだけで授業をとると、最悪なものができあがります。そんな経験もあり、みんなやりたくないのです。だからでしょうか、結局は興味のある2〜3人と指導教官が盛りあがるだけで、それ以外の人は"お客さん"でした。参加者に選択権があるということと、相互にサポートしあうということが輪読会を成功させる大切な要素のように思うのですが、大学では、その両方が欠けてい

る場合が残念ながらほとんどでした。特に後者については、テスト文化・受験戦争という負の遺産かもしれません」

「輪読会を通して、知識だけでなくコミュニケーション能力や人間関係も形成されないのですか？」とさらに尋ねると、次のように答えてくれました。

「型文化の形骸化のように思います。型を守っているからできているように思っているわけですけど、形ばかり真似て、中味がスカスカ。まるで、素人が空手家の技を真似ているだけのような感じがします。従来の輪読会の形式では、ほとんどの参加者にとってコミュニケーション能力を高めることにつながりません。読むことが聞く能力につながっていませんし、書くことが話す能力につながっていません。コミュニケーションが成立していないので、自らのなかでの変化を起こすことができず、当然、アクション（実践）にもつながっていかないと思います」

想像以上に寂しい状況です。また、輪読会とブッククラブを次のように比較してくれました。

「ブッククラブという手法を体験して思ったことは、"読み"が学校教育の国語や大学の文献研究などの方法に画一化されていて、しかもそれがあやふやな状態で残っているために、自分自身に結び付けて読んでいくということが難しくなっているのだろうと思いました。正解が一つのテストのためにしか読んでこなかった、教授という一人の評価者のためにしか読んでこなかったことが原因なのでしょう」

（2）吟味する輪読会

宗教書や哲学や政治などの原書を読みながらの勉強会、例えば、明治学院大学・言語文化研究所をベースに30年近くホメーロスの詩編を読んでい

る「ホメーロス輪読会」は、以下のような形で読み進めています。

・音読担当と解釈担当を前もって決めておきます。
・まず、音読担当が読み、次いで出席者全員で復唱します。
・音読が終わると解釈に移ります。解釈担当を中心に解釈し、疑問点
　があれば意見交換をします。
・最後に感想や問題提起があれば出し合い、意見交換をします。
（出典：http://www.meijigakuin.ac.jp/~gengo/bookclub/index.html）

　輪読会は、毎週水曜日の朝9時から10時半まで行われ、毎回30行程度進みます。テキストは、19世紀フランスのピエロン版を使っているそうです。どうやら、相当の専門性が求められるようです。また、「毎回30行程度」という進め方は、小学校～高校時代の国語の授業を思い出させてくれました。あれを「楽しい／意味があるもの」と思ったことのない私には、この輪読会も苦役としか考えられませんが、研究を目的にしている人たちにとっては有効な方法なのでしょう。
　この手法を体験した人は次のように説明してくれましたが、どうも私には理解できませんでした。単純に、私が鈍感なだけかもしれません。
　「読み手である自分自身が、どのようにテキストを読んだかということが明らかになります。何が書いてあるかを仲間とシェアしあうことで、テキストの内容の確認ができます。この種の読み会をした時は、"どう感じたか"と"どう考えたか"を共有しあったのですが、前者を共有しあうことで自分自身を知ることにもなりますし、他者を知ることにもつながりました。そして、後者では、"考え"で他者と出会うことができるようになったと思います」

（3）役割分担を決めずにみんなが参加する輪読会

　次に、古典や神話を味わうことを目的としている「Corin 会」の進め方を紹介しましょう。

　「一人で古典を読むのはなかなか持続しません。そんな時間も忍耐もないのが弱い人間なのです。ということで、複数の興味ある人間で寄りあい輪読しましょう。レッツ！コテン！　各自順番に、決まった時間で古典を読んだ感想を語らいあいます。その時、必ず語り手は自分自身の経験や過去を含め、自分と関連づけて古典を語ってください。そのことで古典を日常やイマの風景にして、接しやすく親しみやすくなると思います。そして、課題図書はノートと同じように扱ってください。人が語らって感じ入ったことは本にドンドン書き込みます。付箋をドンドンつけます。落書きしてもパラパラ漫画書いてもいいです」（出典：http://d.hatena.ne.jp/corinkai/about）

　Corin 会では、全員が決まった時間内に、自分と関連づけた古典の感想を順番に紹介しあうということがポイントになっているようです。このグループは、長く続けるために、また居心地のよい雰囲気をつくるために以下のような努力もしています。

　「この場を緩く長く継続していくことが主目的ですので、気軽に参加できる場にしていきたいと思っています。勉強してこないといけないとか、勉強してきた人が講義するとか、そういうものが趣旨ではありません。卑近な自分の例に近づけて古典を語り、その場にいる人が身近なものとして緩やかに共有する。そういう小さな事が果たせれば十分です。課題図書を１ページだけでも読んで、そのことを自分と関連付けて話すだけで十分です。この場を通して、終了後に各個人が何十年もかけて自由に古典を味わえばいいと思っています。Corin 会はそのきっかけに過ぎません。Corin会の場を通して参加者同士の相互理解も深まります。新しい学問やコミュ

60　パート *1*　ブッククラブとは

ニケーションの一形態だと思って気軽にご参加くださいね」（出典：同上）

　また、会の始め方にも工夫が凝らされています。
　「Conri 会では、まず初めに場を温める目的で、各自持ち寄った詩の朗読を行います（詩はジャンルを問いません。歌詞は勿論、自作でもなんでも自分が詩と思えばそれで結構です）。その場が温野菜のようにホクホクしてきた段階で、Conri 会は始まります！」（出典：同上）

　古典や神話に対して興味関心を強くもっている人にとっては、とてもいい会のように思えます。また、55〜58ページで指摘した輪読会の課題も克服しているように思われるので、本書で紹介するブッククラブにかなり近いアプローチとも言えます。しかし、「終了後に各個人が何十年もかけて自由に古典を味わえばいい」と聞いてしまうと、古典や神話に多少の興味がある私のような者にとっては、やはり敷居の高さを感じてしまいます。でも、一度顔を出してみさえすれば、突破口が見いだせそうな気もします。

2　多様な進め方——読書会

（1）既刊の書籍で紹介されている「読書会」と「ブッククラブ」

　「読書会」と「ブッククラブ」のやり方について紹介されている本は、過去数年の間に何冊か出版されています。それらのなかで、主に教師や司書を対象に、授業（国語や図書の時間）として行われている典型的な例を紹介しましょう。それは、以下のような流れで進められます。

　　・４人ずつのグループに分かれて着席し、今日の授業の目的についての説明を受けたあとで、特定のテーマに沿ったブックトークを聞く。

第2章　多様にあるブッククラブの進め方　61

・そのなかの1冊の読み聞かせを聞く。
・各グループで、読後の感想と心に残った場面などを（書き出したうえで）紹介しあう。
・教師から鍵となるいくつかの質問が投げ掛けられ、それについて考え、話し合う。
・グループで全体の感想を共有しあう。

　既存の国語や図書の時間の授業に違和感をもたない方は「ごく普通のいい流れ」と思われるかもしれませんが、残念ながら、生徒が主体的に取り組む部分がほとんどありません。教師の指示で、何を聞くか、何について考えるか、何について話し合うかということが決まっています。この進め方である限り、生徒たちには「やらされ感」が濃厚となり、「正解を求める」授業にならざるをえません。

　たとえ「思ったことが言える（あるいは聞ける）」状態がグループでの話し合いによって多少はつくれたとしても、話し合いが深まったり、広まったりすることは期待できません。それだけの時間を授業ではなかなか確保できないという理由もありますが、最大の要因は選書に負うところが大きく、教科書教材では難しいことも明らかです（147～148、158～161ページ参照）。

　また、授業ではなく、校内読書会、他校とのサークル読書会、中高の合同読書会、作者を囲んでの読書会など、生徒や参加者が主役であるはずの事例においても魅力の乏しさは同じです。その理由は、司会者を置くことを前提としていたり、理想的な人数を10人以上に設定していたり、さらに本の選択権が与えられていないことなどです。

　よほどの本好きな生徒ならまだしも、そうでない生徒たちが一緒に読むこと、そしてそれを踏まえて話し合うことを楽しむというハードルは極めて高いと言わざるをえません。

　また、既刊の書籍で紹介されている「読書会」や「ブッククラブ」が、

大人を対象としてできるとも思えません。ライティング・ワークショップとリーディング・ワークショップ（74～76ページを参照）からこの世界に足を踏み入れた私にとっては、大人が常日頃やらない「偽物」を子どもに押し付けることはできないのです。せっかく時間を割いてやってもらうのですから、大人がしている「本物」を体験してほしいものです。

　したがって、これらの読書会やブッククラブのアプローチでは、教える側の教師も、教えられる側の生徒たちも、本を読むことやその本について話し合うことが嫌いになってしまわないだろうか、と私は心配しています。先に紹介した「Corin 会」の進め方のほうが生徒や参加者優先の度合いが高いので、紹介する順番を逆にしたほうがいいかとも思いましたが、「輪読会」と「読書会」と区別したため、順番を変えることができなかったことを付け加えておきます。

（2）ネットを利用した全国読書会

　富山県のある高校の先生が、「面と向かった読書会では活発なやり取りは行われないが、生徒たちは“しゃべれない＝何も考えていない”のではない。単に人前で話すのが苦手なだけで、携帯などでメールを送りあうことには慣れているので、意見をぶつけあうことは可能ではないか」という仮説を立てて実験したことを紹介しましょう。

　選書をしたうえで（『風葬の教室』山田詠美著）全国63の高等学校などに呼びかけたところ、九つの高校と３名の教育関係者、そして個人の合計85名（教員、個人、生徒を含む）が参加して行われました。

　メーリングリストを使った高校生のやり取りは、全部で77通ありました。この数からも分かるように、生徒同士の活発なやり取りは残念ながらなかったことがうかがえます。これを企画した先生は、以下のように分析しています。

　「自己紹介から始まり、主人公についての意見から、自分のいじめ体験

第2章　多様にあるブッククラブの進め方　63

を告白する生徒も現れた。しかし、それぞれの投稿が言いっぱなしになる
ケースが多かった。これは初めてメールを経験する生徒が多く、メーリン
グリストに慣れておらず、メールでの議論の仕方も知らなかったように思
われる。このあたりの指導は、各高校で教えることが必要であった。イン
ターネットでのコミュニケーションの方法や読書会についての指導方法な
ど、今後検討していかなければならない」

　　　　（出典：http://www.cec.or.jp/00e2/books/11nendo/gakko/075/075.html）

　顔を合わせないがゆえに、メールによるやり取りには難しい部分がつき
まとってきます。もちろん、場所や時間を気にする必要がないという大き
なメリットをもった方法であることは間違いありません。
　最後に反省として書かれてあった「インターネットでのコミュニケーシ
ョンの方法や読書会について」理解力を高めることは、大人が対象の場合
も大きな課題となっています（133～139ページの「職場でのブッククラブ」
を参照）。これがクリアされない限りは、ブッククラブの核と位置づけら
れる活発なやり取りは期待できません。
　このあたりについては、のちに詳述しますが、やり方次第では充実した
メールでのやり取りは十分に可能なことも示されています（117～120ペー
ジ参照）。
　一方、53ページで見たように、アメリカなどのオンライン・ブッククラ
ブはこの点の問題に関してはすでに解決しているようです。あるいは、解
決はしていないのかもしれませんが、そんなことはお構いなしに広がりを
みせている、と解釈したほうがいいのかもしれません。

（3）レポーター形式

　レポーターが作成したレポートを中心に据えて行う読書会です。レポー
ターは、読書会当日までに担当範囲のレポートをまとめ、当日それを発表

します。その後、参加者全員で議論を行ったり、意見交換を行います。参加者は、あらかじめテキストを読んでいるという前提で読書会は進められていきます。

ある意味では、「輪読会式読書会」ないし「研究会式読書会」とも言えます。上記ですでに紹介した輪読会では与えられた本のレポートになりがちですが、こちらはレポーター本人ないし参加者が選んだ本をレポートしている気がします。この項目を取り上げたのも、それが理由です。

レポーター役になる人は、かなりの勉強になるでしょう。負担も大きく、それを楽しめる人はいいのですが、そうでない人にとっては負担の重さだけが残ってしまう可能性があります。

そのほかの参加者も、事前に読んできて積極的に話し合いに参加できればいいのですが、レポーターとの準備段階でのギャップが大きいでしょうから対等に話し合うことは難しく、聞き役的な存在になると思われます。この形式で読書会をもっている人たちは、これらの課題をどのように乗り越えているのでしょうか？

（４）ワールドカフェ形式

ワールドカフェ形式とは、カフェのようなリラックスした雰囲気のなかで本音で語り合う方法のことです。たとえばたくさんの人数が参加していても４～５人単位の小グループで話し合うことは可能ですし、メンバーの組み合わせを変えることで、あたかも参加者全員が話し合っているような効果が得られる会話方法です。この方式を読書会に応用した進め方は以下のようになります。

　　・事前に課題図書を読み、みんなと共有したいテーマを持ち寄る。
　　・どのテーマについて話し合うかをその場で決める。
　　・４人ずつテーブルに座ってテーマについて話し合う（第１ラウンド）。

・ホスト役を一人だけ残して、ほかの参加者は別のテーブルに移動してテーマについて話し合う（第2ラウンド）。
・元のテーブルに戻り、第2ラウンドで得たアイディアを紹介しあいながらテーマについて話し合う（第3ラウンド）。
・全体で「気づき」や「発見」を共有する。

　各ラウンドの話し合いは10〜20分ぐらいの時間ですが、全体の時間とも関係しますから一概には言えません。

　テーマは、すべてのテーブルに共通したものではなく、テーブルごとに異なったものでもやれます。同じ本を読んでいるわけですから問題なくできますし、かえってそのほうがいいぐらいかもしれません。参加者全員にとって、選ばれた一つの共通のテーマだけに価値を見いだすというのは寂しい感じがしますから。

　私が何回か、このワールドカフェ形式で話し合ったこれまでの経験から言いますと、その場は盛り上がります。4人前後だと、言いたいことがかなり言えるからです。しかし、話し合った内容が残りませんし、ましてや「気づき」や「発見」が「アクション（行動や実践）」に移ることはありません。

　単に本音で話し合うだけではなかなか記憶に残りませんから、ワールドカフェ形式では話し合いながら模造紙のような大きな紙に書き出しながら話し合うという方法も取られているのですが、それでも残らないし、アクションに移ることがなかったという経験ばかりです。

　何回かは、模造紙を写真に撮って参加者全員に流すことまでしましたが、それでもダメでした。活発に話し合いが行われ、かついろいろな「気づき」や「発見」があることと、話し合いを深めたり、自分のものにし（そしてアクションにつなげ）ていくこととは別物なのかもしれません。もし、アクションに移れた例がある方は、ぜひお知らせください（pro.workshop@gmail.com）。

（5）文学（リテラチャー）サークル

　文学サークルは、同じ本を読む際の役割を決めて読み、その役割に基づいて話し合う方法です。進め方は以下の通りですが、この場合、生徒を対象にした例しかありえませんので、それに則って書きます。

①教師が用意した本について簡単に紹介する。
②生徒たちは、自分が読みたい本ごとに４〜５人のグループをつくる。
③グループごとに、読むペースや役割の順番などの学習スケジュールを立てる。
④そのスケジュールに従って、生徒たちは決めた範囲を読み、それぞれの役割（例えば、以下の五つ）をシートに書き込んでディスカッションの準備をする。
　・イラスト係──好きな場面や浮かんだイメージを絵にする。
　・質問係──読んで思いついた質問や疑問をリストアップする。
　・思い出し係──読んだことと、自分や現実の世界にあることのつながりを見つける。
　・表現係──いいと思った表現や「作家の技」を見つける。
　・まとめ係──読んだ内容の要約をする。
⑤役割に基づいてグループで話し合いをする。
⑥話し合いが終わったら、振り返り（自己評価と相互評価）を行い、[1]次回の読む範囲と役割を確認する。これを繰り返して１冊読み終える（役割は毎回変わる形で、全員がすべての役割を体験する）。

　五つの役割は、41ページで紹介した「優れた読み手」はどんな方法を使って読んでいるのかという研究から導き出されています。したがって、それをまだ知らない人や使い慣れていない人にとってはよい練習になります。
　しかし、私たち一般の読者は、質問だけを考えながら本の第１章を読ん

だり、いい表現だけを探して第2章を読んだり、イメージを描くだけで第3章を読んだりといったことはしていません。その意味では「本当の読み方」ではないのです。子どもたちですら、本を読み進むに従って自然に全部の役割をこなしながら読むようになります。つまり、特定の役割のないブッククラブ形式で読んでしまうのです。

　ある意味、この方法は教師が読み方を教えているという気分が味わえるものですが、この形式を必要以上に続けることは子どもたちに対して失礼なことになります。ましてや、大人がこの方法で読書会をすることは想像できません。

（6）互いのおすすめ本を紹介しあう形式

　個々のメンバーは、好きな本をそれぞれ読み進めています。集まる時に、各自が読んだ本のなかから、過去1か月の一番のおすすめ本を持ち寄って紹介しあいます。進め方は以下の通りです。

　　①4〜6名で1グループとなり、簡単な自己紹介をする。
　　②最初の人がおすすめ本の概要、気づきや意見などを3分で紹介する。
　　③上記の②について、5分間グループ内で自由に話し合う。
　　④次の人にバトンタッチして、②と③をグループの人数分繰り返す。

　この形式だと、ほかの人がどんな本を読んでいるのかが分かり、なかには読んでみたいと思える本もあったりして、自らの読書範囲が広がる可能性があります。また、継続して参加していると、ほかのメンバーについても本を介しての理解が得られる可能性があるので、本や人と出会うことが目的ならばよい方法と言えるでしょう。

....
★1★毎回、しっかりと振り返りを行うのは、次回以降の話し合いをより良くするため。

しかし、読んでいる本が全員違いますから、ある特定の本について深い話をすることはできません。時間制限もあるので、最初からそれは狙いとして設定されていないようです。

上記の発展として以下のものが考えられます（⑥以降は２回目から実施）。

⑤さらにじっくり読みたい本を、紹介された本のなかから選ぶ。[★2]
⑥選んだ本の数章分を次回までに目を通してくる。
⑦読んできた本についての感想・気づき・意見などを自由に話し合う。
⑧本全部を読み終えるまで⑥と⑦を繰り返し、１冊を読み終えたら①に戻る。

⑥以降があることで、単に本の紹介をするだけに留まらず、本の内容について深く広く知ることや、話し合いを通じてほかのメンバーの考え方や価値観を知ること、そして、それらを統合する形で自分たちなりの意味をつくり出すことや、全体のプロセスを通じてほかのメンバーを深く知ることもできます。こうなると、70ページ以降で紹介しているブッククラブそのものと言えます。

（７）長年にわたって行われている典型的な読書会

『仲間と読み深める　読書会のすすめ』（深川賢郎著）のなかに、詳しくはありませんが、全国の図書館や公民館などで長年行われてきた典型的な読書会の進め方が紹介されています。徳島県小松島市の図書館で読書会を17年間にわたって続けている宮泰弘さんにもインタビューしましたが、同じ形式で進んでいるということでした。その内容は以下のようになっています。

・月１冊のペースで読む。

・読む本はメンバーが順番に決める（本は、10冊借り出せる県立図書館の「読書会文庫目録」から選び、原則として各自が購入する必要はない）。
・当日の司会進行も、本を選んだ者が行う。
・メンバーは事前に本を読んで会に出席する。話し合う時間は約2時間とする。

　極めてシンプルな進め方です。この種の読書会に参加しているメンバーの感想として、「話す・聞く・考えることの充実感と、癒しの時を得られる」（前掲書、7ページ）、「自分ひとりでは同じ本を繰り返し読むことはないが、読書会の課題図書は繰り返し読み込んでいる（深く読むようになった）」（前掲書、21ページ）、「自分の考えと周りの人の考え方が違っているとき、本の中に私と同じ考え方を発見すると、うれしくなり自己肯定ができるので、本を読んでよかったと思うことがある」（前掲書、22ページ）、「月一回の課題図書を読むこと」が生活に組み込まれ、「読書会に参加することを生活の中に義務づけた」（前掲書、9ページ）などが紹介されています。
　一方、宮さんに行ったインタビューからも、「本を読むのは楽しい！」、「勉強になることがかなり多い！」、「他人が選ぶ本を読めるのもいい」、「参加メンバーの人生を通して、思いもしない発見や気づきがあることがいい」といった参加者の声が得られました。どうりで、長く続いているわけです。
　しかし、全国の図書館や公民館などで行われている読書会は、高齢化という大きな問題を抱えています。一番若い人が50代という状況になってお

────────────────

★2★②〜⑤の流れは、ゲーム感覚を取り入れた新しいスタイルの書評合戦の「ビブリオバトル」と似ている。その進め方は次の通り。①各ビブリオバトラー（発表者）たちがおすすめの本を持って集まる。②順番に一人5分の持ち時間で紹介する（＋2〜3分の質疑応答）。③バトラーと観客が一番読みたくなった本を投票し、チャンプ本（最も投票の多い本）を決める。

り、それより若い人の参加が得られない状態がもう何年にもわたって続いています。

　ちなみに、宮さんの読書会は最盛期は十数人いたそうですが、現在は5〜6人の参加者しかいないそうです。深川賢郎さんが講師役で参加している読書会も、登録者は15人ぐらいいるのですが、定期的に参加しているのは11人と書かれています。

　宮さんは、「子どもの時に、本に親しむ体験がない」、「若い人たちは、生活で精いっぱい。その背景には、不安定な社会や経済がある」、「ネット社会への依存度を高め、本を読む人がますます減少している」などと嘆いていました。さらに、「本を読んで考えること（あるいは読まないで考えないこと）と、社会のあり方は裏表一体です」とも言っておられました。

　この形態では、残念ながら、年金と同じで先細り傾向にあるようです。

3　私がすすめるブッククラブの進め方

　ここで紹介する三つの方法に序列をつけることはほとんど不可能です。目的や対象に応じて、自分にあった方法や使いやすい方法を選んでください。

（1）学校や大学で行うブッククラブ

　ここでは、学校や大学の授業で行うブッククラブを基本にして紹介していきます。一人で読むよりもはるかに広く、かつ深い理解を獲得するために行われるブッククラブは以下のように進められています。

　　①教師があらかじめ選んだ本のなかから各自が読みたい本を選ぶ。
　　②選んだ本でグループをつくる。

③各グループは自分たちで計画を立てて読み進む。

④実際に何を、どう話し合うかはメンバーが決めて話し合い、毎回終
了時に振り返りを行い、次回の話し合いをさらにいいものにするた
めに活かす。

⑤読み終わったら、自分たちが読んだ本を全体に紹介する。

　以上でブッククラブの進め方の概要はつかめたと思いますが、①〜⑤に
ついて、さらに詳しく説明していきましょう。

①教師があらかじめ選んだ本のなかから各自が読みたい本を選ぶ

　まず何よりも、各自が読みたいと思える本を選ぶことが大切です。たと
え、教師が事前に選択した本のなかから選んだとしてもです。3〜8冊の
なかから選ぶのと、まったく選択がないのとでは、その違いは比較になり
ません。仮に、教師や教科書会社のおすすめの本であったとしても、各自
に選択権を提供することはとても重要です。

　日本では、読むことを教える教育（読解教育）や読書教育について様々
な問題を抱えているのですが、そのなかでも一番大きい問題は選書能力を
養わないことです。大学でも、ほとんどこの能力について扱われることが
ありません。

　その代わりに、日本ではびこっているのが「良書主義」です。小学校か
ら高校までの教科書に代表されますが、長期休暇の期間中も推薦図書リス
トが提供されていますし、大学に入ってからも教授たちからリーディン
グ・リストが提供されているというのが現状です。

　結局、自分にあった本を選ぶという練習がどの段階でもやられませんか
ら、よほど本の好きな人以外は選書能力を身につけることができず、大人
になってから、マーケティング戦略によってつくり出されているベストセ
ラーや有名人が推薦した本に踊らされ続けることになります。

　本を選ぶという行為は、本以外のすべてを選ぶことにもつながってもい

ますから、何を読むかを自分で決めるということは極めて大事なこととなります。ブッククラブを行う際、当初は教師が選んだリストのなかから生徒たちが選ぶという形で十分ですが、ゆくゆくは相互に推薦する本のなかから（教師が若干の選り分けをして）生徒たち自らが選べるようにしたいものです。

②選んだ本でグループをつくる

選ばれた本をもとにしてグループをつくりますから、各グループは異なる本を読むことになります。しかし、教師などが選書をしているため、特定のテーマなどでくくられている場合が少なくありません（165ページを参照）。

一つのグループは3～4人が望ましいのですが、多くても5人にします。6人以上になる場合は、二つのグループに分けたほうがよいでしょう。

グループのサイズは、用意できる本の冊数にも影響されることになります。もし、冊数に余裕がない場合は、生徒たちから第一希望や第二希望をとって、できるだけ優先順位の高いグループにみんなが入れるように教師が振り分ける必要があるかもしれません。のちに詳述しますが、構成メンバーが話し合いの質を決定づけるわけですから、教師の適切な関与は大切です（157～158ページ参照）。

③各グループは自分たちで計画を立てて読み進む

ある程度ページ数のある本は、グループのメンバーが相談して、読み進めるための計画を立てることからはじめます（その前に、自分たちの名前を決めることもあります）。これが、メンバーのオーナーシップ、つまり自分たちこそが主役であるという意識を高めることになります。

毎回読む分量が決められているので、仮に読むのが速い子どもたちがいても、先に読み進まず計画通りに読んでいきます。読むスピードの速い子どもたちには、同時並行で、ほかの本を読むように提案するとよいでしょ

う。

　また、話し合うことが前提となっているので、読みながらメモをとったり、付箋を貼ったりしながら読み進めることになります。全員が必ず話し合えるように用意をするところが、輪読会やレポート形式の読書会と違うところです。

　ブッククラブは、全員が主役であって「お客さん」は一人もいません。話し合うために（メールでのブッククラブの場合は書くために）読むのと、単に読むのとでは、読み方が根本的に違うのです。

　単行本の場合、1週間に1～2回のペースで、3～7回ぐらい集まって話し合うというのが普通です。なお計画は、各回の振り返りを踏まえて柔軟に変更されることもあります。もちろん、わざわざ計画を立てて読み進めるわけですから、それに値するだけの価値のある本を選んでおかなければなりません。

④実際に何を、どう話し合うかはメンバーが決める

　何を、どのように話し合うかについてはシナリオはありません。そのため、同じ本を読んだ二つのグループがあった場合でも、メンバーが異なるために話し合われる内容も異なったものになります。それが、ブッククラブの面白さでもあります。

　話し合いは、よい雰囲気のなか、プラス思考で行われます。ここで言う「よい雰囲気」とは、硬くなく、メンバーが相互に思いやり、話すことよりもどちらかと言えば聞くことを大切にした形で進むやり取りのことです。進行役の力量に期待して円滑に進めるのではなく、全員が、進行役なしで会話を楽しむという雰囲気です。

　「プラス思考」とは、メンバー全員の学ぼうとする積極的な態度と同時に、楽しもうとする態度のことです。メンバーは毎回、話し合った内容とプロセスについて振り返ることで、より良い話し合いが実現できるように努力します。

この間、教師は何をしているかというと、ファシリテーター／観察者として存在することが多いのですが、参加者として話し合いに加わることもあります。その場合は、あくまでも一参加メンバーとして話し合いに加わりながら、よい意見や疑問の出し方、確認のとり方、フィードバックの仕方、そして焦点の絞り方や発言をしていない人から発言を引き出すなどの、よい話し合いの進め方をモデルとして示していきます。

一回のブッククラブの流れのなかで、生徒と教師の役割を見事に整理してある表を見つけましたので紹介しておきます（右ページの**表3**参照）。

もし、学校以外でブッククラブを行う場合は教師の役割をメンバー全員でするのが望ましいのですが、ファシリテーターが務める場合もあります。もちろん、学校で行う場合も、教師がしている役割を徐々に生徒たちがこなしていけるようにすることが望ましいでしょう。また評価は、教師の観察と子どもたちの自己評価（振り返り）で行います。

⑤読み終わったら、自分たちが読んだ本を全体に紹介する

計画通りに読み終わったら、本全体について話し合います。これまでは各回に読んだ分量ごとに話し合ってきたので、最後は本を全体として捉える必要があるからです。

最後の話し合い次第で、同じ作家のほかの本を読んでみるか、ほかの作家の似た内容のテーマの本を読んでみるか、また何らかの「書くプロジェクト」に発展させるかが決まります。そして、もし、メンバーの多くがクラスのほかのメンバーたちにも紹介する価値があると判断した場合は、どういう形で紹介することが効果的かを考えて、それを実行に移したりもします。もちろん、何もしないで新しい本を選んで次のブッククラブを行うという選択肢もあります。

ライティング・ワークショップ（作家の時間）の「①題材選び→②下書き→③修正→④校正→⑤出版」のサイクルがあまりにも効果的なので、それを読むことに応用して、実践されるようになったのがリーディング・ワ

第2章　多様にあるブッククラブの進め方　75

表3　ブッククラブにおける生徒と教師の役割

	前	間	後
生徒	・本を選択する。 ・チームに名前をつけたりして、チームとして取り組む意識を高める。 ・集まるスケジュールと各回の読む分量を決める。 ・毎回の分量を読み、メモや付箋をつけたりして、話し合う内容の準備をする。	・ほかのメンバーを理解する。 ・個人的なつながりを築く。 ・読んだことを共有する。 ・積極的に話し合いに参加する。 ・ほかの人も話すように促す。 ・発言の根拠も本から示す。 ・本と関連づけながら話す。 ・関連するほかの本は紹介する。 ・関連するほかの出来事なども紹介する。 ・ほかのメンバーの発言に付け足す。 ・同意するのか反対するのかを、理由とともに述べる。 ・疑問や質問を投げかける。 ・異なる解釈を提示する。	・自分たちの話し合いを振り返る。 ・次回の改善点を考える。 ・プロジェクトをするならその計画を練る。 ・読んで面白かった本はほかのチームやクラスの外に向けて紹介する。
教師	・生徒たちが決まり事（話し合う時の音量、話し合う場所への移動、事前の読み方、振り返りの仕方など）を守れるように教える。 ・生徒たちが読むに値する本を集める。	・ファシリテーター（全体進行）やコーチ役を務める。 ・考えや意見の出し方を見本として示す。 ・自分が言い換えたり、子どもに言い換えることを求める。 ・新しい情報を付け足す。 ・反応に付け足すことを促す。 ・話し合いを前に進めるように促す。	・話し合いを振り返えさせる。 ・ブッククラブに対するコメントや疑問や意見を出してもらう。 ・次のステップを計画する。

（出典：Guiding Readers and Writers: Grades 3~6, Fountas and Pinnell, p.256）

ークショップの「①選書→②下読み→③精読→④修正（ブッククラブは、この過程の一つの方法として位置づけられる）→⑤本の紹介」のサイクルです。

　ブッククラブはリーディング・ワークショップ全体の1割ぐらいしか占めていませんが、サイクルはまったく同じですから、生徒たちにとってはよく学べる要素が詰まっていることだけは保証します。詳しくは、『リーディング・ワークショップ』（ルーシー・カルキンズ著）、『読書家の時間』（プロジェクト・ワークショップ編）、『増補版「読む力」はこうしてつける』（拙著）を参照してください。なお、サイクルの最後は、「本の紹介」という"ともに祝う／称えあう"形で終われれば言うことはないでしょう。

（2）メールで行う（オンライン）ブッククラブ

　大人がメールで行うブッククラブの進め方も、上記の流れとほとんど同じです。実際に集まって話し合う代わりに、メールを使って、本への反応や互いの書き込みへの反応をやり取りします。通常は、週に1回程度決まった分量を読んで、以下のようなことについて決まった曜日にメールを送りあいます。

　　①参考になった点／学んだ点／よかった点／面白かった点
　　②分かりにくい点／疑問・質問／さらなる説明・解説が必要な点
　　③やってみたいと思ったこと／応用できそうなこと
　　④その他、何でもブッククラブのメンバーと共有したいこと

　私自身はノンフィクションを対象としたブッククラブしかやったことがないので上記の四つの項目を挙げましたが、小説などのフィクションの場合もそれほど代わりはないと思います。
　大人同士のやり取りでは教師という存在がいませんから、その役割をメ

ンバー全員が担うことが理想となりますが、不慣れな場合はファシリテーターというかコーディネーター役を設けてもいいかもしれません。進行役というよりは、「突っつき役」兼「励まし役」です。

なお、メールで行う場合には、メンバーがお互いを知らない時は最初に顔合わせを行い、読み終わったあとには、「本全体の共有をするための話し合いの場を設けたほうがいい」と言う人たちがいます。時間的にも場所的にもそれが許されるなら、もちろんやったほうがいいでしょう。

時間と参加者の所在に影響されないメールでのやり取りは、それを通して学び合えることも多いですから、効果的かつ効率的でもあります。インターネットの時代に、まさに相応しい方法と言えます。

メールでのブッククラブに慣れてくると、時間の使い方が上手になります。コメントを流す前日ないし当日に読むことは、仕事などの都合で難しい時も出てきます。時間の都合がつく時に読んで（場合によっては、コメントも書き出して）おけば、当日や前日に慌てることもないでしょう。

メンバーが送りあうコメントや感想に、相互にどれだけフィードバックしあえるかがこのブッククラブのポイントです。相互のフィードバックがあると、ブッククラブは一層盛り上がるだけでなく学びも深まります。

メールでのブッククラブは、まずは自分が読むことで得します。次に、それを書き出すことで二つ目の得が得られ、三つ目は自分以外のメンバーの「読み」を同時並行で味わうことができ、四つ目は、それに対して自分がコメントを書くことや、ほかのメンバーが自分の書いたことにコメントをしてくれることで得をします。

もちろん、このコメントのやり取りが続くことで得るものも増え続けます。しかし、これがやれる日本人はまだ少ないです（123〜124ページや136〜139ページを参照）。単に、練習の機会がなかったからだと思います。

ちなみに、メールによるブッククラブの人数も、先に紹介した学校や大学などで行う際のブッククラブと同じです。3〜5人が適当です。6人以上になると、読んだり、コメントを書かないといけないメールが多くなり

すぎて、丁寧なフィードバックができなくなります。

　高校生や大学生も、実際に会って行うブッククラブを体験したあとなら、十分にこのメールによるブッククラブができるはずです。あるいは、「パート2」でも紹介しますが（119～121ページ）、いいリード役のもとでメールによるブッククラブが体験できれば、自分たちだけでも「できる」という自信がもてるはずです。

（3）大人が実際に会って行うブッククラブ

　大人が実際に会って行うブッククラブは、読書会の最後に紹介した流れ（68～69ページ参照）と基本的には同じで、以下のような流れになります（毎月1回集まることを前提にした進め方を紹介します）。

　　①読んで話し合う本を決める。
　　②あらかじめそれを読んでくる。
　　③当日は、メモや付箋をもとにしながら本について話し合う。
　　④当日の最後には、各自が持ち寄った次回の本の候補を出しあい、何を読んでくるかを決める。

　これら四つの項目について補足しておきましょう。

　①については、当然のことながら、参加メンバーにとって読む価値と話し合う価値がある本を選ぶことが大切になります。本の選び方については「パート3」で詳しく触れますが、ここでは参加者の一人が読んでおり、しかも強くすすめる本であることを条件にしたらいいと思います。

　②に関しては、話し合うことがブッククラブの目的ですから、事前に決めた本を読んでおくことが最低条件となります。メモをとったり付箋を貼ったりして、何について話したいかの準備をします。自分一人で読むのと、話し合うために読むのとでは、読み方が違うことに誰しも気づきます。

③は、ブッククラブの中心的な位置づけの話し合いです。「長年にわた って行われている典型的な読書会」（69ページ）でも紹介したように、当 日は楽しむのですが、周りの人たちからは「勉強会」をしているというイ メージをもたれているような気がします。このイメージを払拭するために は、単に本について話し合うだけでなく、プラスアルファの要素が必要と なります。特に、50代以前の層を引き付けるためにはそれが必要でしょう。

このブッククラブでは、司会者も講師役もいないということで硬くなる 要素は減らしていますが、さらに二つの方法を提案しておきましょう。

楽しむことは本についての話し合いなのですが、会が終わったあとに懇 親会（飲んだり食べたり）を行うのもいいでしょう。また、主要メンバー の固定化が望ましいとはいえ、流動的なメンバーの存在も会の活性化とい う意味では欠かせないような気がします。

これも、集まった人全員で話し合うのではなく、５人を上限としたグル ープ構成を基本にすることで可能になります。そのほうがたくさんの人が 話せますし、グループの構成が変わることで、いつもとは違った反応を聞 くことができます。

最後の④については、①に戻ることになりますが、メンバーが選書の主 体になることがもちろん望ましいので、当日には、各自が持ち寄った次回 の本の候補を出しあい、何を読んでくるかを決めるようにしたらいいと思 います。

しかし、現実的には、各自が本を確保して次回までにしっかりと読んで くることが難しい場合もあるので、本のラインアップは２〜３か月前に決 めることをおすすめします。そうなると、毎回本を決める話し合いをもつ 必要がなくなります。

80　パート **1**　ブッククラブとは

◆ 第 **3** 章 ◆

ブッククラブを通して身につく力や資質

　ブッククラブを行うことで、考えられないぐらいたくさんの大切な力や資質が身につきます。本章では、大きく五つに分けて詳しく解説していきます。

1 読む力

　ブッククラブを通して身につく読む力を整理すると、**表4**のようになります。

　日本の国語教育が中心的に扱っているのはAの「表面的なレベル[1]」で、Bの「内容と読み手のやり取りレベル」はせいぜい半分ぐらい、Cの「読み手がつくり出すレベル」に至っては一つか二つを扱っている程度です。そして、それらはすべてテストで評価されますから、正解のあることが前提になっています。しかし、正解のあるものは、Aのレベルも含めて、読む力の全項目の何割ぐらいあるのでしょうか。

　このような伝統的な読みの捉え方に大きな疑問を投げ掛けたのが、すでに42ページで紹介した「読者反応論」ないしテキストと読者の「交流理論」と呼ばれる考え方です。つまり、「作者が書いたテキストは、読者が読んで意味をつくり出すまでは紙に落ちているインクにすぎない」（"*The Reader, The Text, The Poem*（読者、テキスト、詩）" Louise M. Rosenblatt, p.21）というものです。

表4　ブッククラブを通して身につく読む力

A　表面的なレベル	B　内容と読み手のやり取りレベル	C　読み手がつくり出すレベル
・言葉・漢字 ・文章の構造 ・指示語の指すもの ・文章（段落）の要旨 ・作者の狙い	・関連づける ・質問する ・イメージを描く ・推測する ・理解を修正する ・自分にあった本を選ぶ	・何が大切かを見極める ・解釈する（自分なりの意味をつくり出す） ・批判的に読む ・自分に活かす（新しい自分や世界の発見）

（拙著『「読む力」はこうしてつける』の33ページを参考に作成）

　同じことは絵画にも言えるかもしれません。つまり、それまでにたくさんの知識や体験を引きずった読者（や鑑賞者）によって解釈され、意味がつくり出されて初めて作品になるというスタンスです。

　さらに言うと、最初からそこに作品があるのではない、ということになります。良書も悪書もありません。読む人すべてにとっての良書も悪書も、存在しないことを意味します。たとえ結果的にそうなるかもしれないことがあり得ても、です。この「読者反応論」に関心のある方は、拙著『増補版「読む力」はこうしてつける』の第3章「反応をベースにした読み」を参照してください。

　日本の国語教育に比べるとブッククラブは、確実に、この表に掲載されているA、B、Cの項目すべてを押さえることができます。そしてそれらは、教師が教えて（話して）生徒たちが聞く形式ではなく、教師を介さずに生徒たち同士が話し合いをする形で学びますから確実に身につきますし、好きにもなります。

★1★表面的なレベルのなかで、唯一分かりにくい言葉が「文章の構造」だと思われる。例えば、①フィクションだと登場人物、場面、荒筋、②俳句だと五七五と季語、③説明文を中心にしたノンフィクションだと順序立てて（時系列で）、比較・対照、原因・結果、疑問・回答などの文章の構造的なことを理解することを指している。

82　パート *1*　ブッククラブとは

　もちろん、１回や２回のブッククラブでこれらすべてが身につくわけで
はありません。スポーツや趣味の世界と同じように、繰り返し取り組むこ
とによって得られますし（リーディング・ワークショップのなかでは、ブ
ッククラブは年間に３～４回程度と位置づけられています）、継続的な
「一人読み」が年間を通して行われることも大切です。[★2]

2　思考力と理解力

　最も知られている思考力に関する分類は、シカゴ大学の教授だったベン
ジャミン・ブルーム（Benjamin Bloom）が1956年に編集・出版した『Taxon-
omy of educational objectives（教育目標の分類）』のなかに提示した分類で、
表5の左側に紹介した六つの思考力のことで、一般に「ブルームの分類」
と呼ばれています。

　そして約50年後に、「新しい分類」として、あとの二つを「評価力」と
「創造力」に置き換えたものが出されました（例えば、A Taxonomy for Learn-
ing, Teaching, and Assessing: A Revision of Bloom's Taxonomy of Educational
Objectives, Lorin W. Anderson, et. al., Pearson, 2000を参照）。

　ちなみに、「統合力」と「創造力」には大きな違いはありません。両方

表5　ブッククラブを通して身につく思考力と理解力

・暗記力	
・理解力　　　　　　　　　　　　　　→	理解するとは？
・応用力	①　説明
・分析力	②　解釈
・統合力	③　応用
・判断力	④　自分なりの視点
	⑤　共感
	⑥　自己認識

とも、集めたものを整理・統合して、新しいものをつくり出すことが中心であり、その過程では、仮説を立てて検証したり、計画を立てる能力も求められています。

でも、私が一番おすすめする流れは、日本では相変わらず中心となっている覚えることからはじまるのではなく、体験すること（したがって、応用や分析をすること）から出発し、体験を評価したりまとめたりすることで理解を図り、結果的に覚えるというものです。テストのために暗記しなくても十分に対応できるというこの方法は、人間の脳には最適なものだと思います（拙著『増補版「考える力」はこうしてつける』の96〜97ページを参照）。

日本においても、「考える力」の大切さは長年にわたって唱えられていますが、その中身については残念ながら言及されたことがありません。したがって、先生たちの多くも、何をどうすることで「考える力」が養えるのか分かっていないという状況が続いています。

「よく考えなさい。そうすれば分かるでしょう！」、「ちゃんと教えたでしょう。覚えてないの？」などという教師と生徒のやり取りをいまだに聞くことが多いのが現状です。

前者は、生徒は何をどう考えていいのか分らずに困っている状態です。それなのに「もっと頑張りなさい」と言われても、何の解決にもなりません。どうしたらいいのかを、モデルで示すなり、分かるための方法を提示してあげない限りは前に進むことができないのです。

後者に関しては、生徒が覚えられる形で教えていないのですから、生徒に責任を転嫁するのはかわいそうというものです。教師も生徒も、何をすることが考えることなのかが分かっていないのでは、たとえはよくないか

★2★サッカーなどのスポーツの世界ではもちろん、将棋、お花やお茶などの趣味の世界でも言える。『テクニックはあるが、サッカーが下手な日本人』（村松尚登著、武田ランダムハウスジャパン、2009年）の、特に136〜157ページを参照。

もしれませんが、長くそこに住んでいながらも、まったく方向音痴の人がその地を初めて訪れた人を案内しているようなものです。この後遺症は企業や役所などの組織に入ってからも続きますから、かなり大きな問題と言えます。

　そんななか、順番の良し悪しは若干あるにしても、ブルームの分類は思考力にはどんなものがあり、どういうふうに教えたら子どもたちはどんなことを学ぶのかを示してくれています。

　日本では、考える力／思考力と並んで「理解すること」（82ページの**表5**の右側）もその中身がよく理解されていません。ここでは、1990年代の末以来最も広範に使われている「Backward Design（逆さま計画）」を紹介します。ちなみに、この理解を促進する指導計画のつくり方は、『Understanding by Design（理解をもたらすカリキュラム設計)』という本のなかで紹介されているものです。

　従来の指導案づくりは、「①目標／狙い」があり、それに基づいた「②授業の進め方を考えて」、教え終わったあとに「③評価の仕方を考えて（ほとんどはテスト。教師がレポートを選択することもある)」、実施するという順番でした。この順番は、教科書をカバーする授業だからこそ機能する方法と言えるかもしれません。というより、教える側が「ちゃんと教えましたよ」ないし「理解したり、学んだり、覚えるのは、あなた方生徒の責任ですよ」と言える方法かもしれません。

　当然、評価の主体は教師であり、先程の「ちゃんと教えたでしょう。覚えてないの？」が教師から頻繁に発せられることになります。理解することを目的にしているのではなく、あくまでもカバーすることを目的とした授業の流れになっています。

　それに対して「逆さま計画」では、「①目標／狙い」が設定されたあとに、その達成度を測るための「③評価の仕方と方法を考えて」、それからその両方を満たす「②授業の進め方」を考えることになっています。そう

することで、テストという悪しき習慣[★3]から脱することができるだけでなく、教えている間に評価をし続ける「指導と評価の一体化」も実現します。

　さらには、理解していることやできることを証明するための評価と言われている「パフォーマンス評価」や「ポートフォリオ評価」や「プロセス評価（学びを促進するための評価)」といった「本物」の評価を実施することができます。そして、まだ授業をしている間に評価をしますから、必要に応じて教師の教え方を変える（計画した授業の進め方をも変える）という効果ももつことになります。

　こういう評価ですから、評価の主体も教師から生徒たちに移管されています。まさに、これまでの評価の仕方とは「逆さま」なわけですが、かかわる者（単に教師と生徒だけでなく、保護者や管理職、そして将来の雇用主）にとっては、従来の評価、単にテストの点数やそれに基づいた成績よりもはるかに多くの情報を提供してくれます。

　前置きが長くなりましたが、この「逆さま計画」のなかで「理解すること」をどのように捉えているのかを表したのが、表5（82ページ）の右側に書いてある六つの能力です。そして、それらを測る指標も下記の通り提供してくれています。

①**説明**：正確な、一貫した、正当化された、体系的な、予測した
②**解釈**：有意義な、洞察に満ちた、重要な、例証となる、解明的な
③**応用**：効果的な、効率的な、円滑な、順応性のある、優雅な
④**自分なりの視点**：信用できる、意義深い、洞察に満ちた、もっともな、一風変わった
⑤**共感**：敏感な、偏見のない、受容的な、知覚の鋭い、機転のきいた
⑥**自己認識**：自覚的な、メタ認知的な、自己調整する、内省的な、思慮深い

★3★評価の世界では、テストはもはや「偽物」の評価と言われており、「本物」の評価を主流に据えることが提唱されている。

（出典：『理解をもたらすカリキュラム設計』グラント・ウィギンズ＆
ジェイ・マクタイ／西岡加名恵訳、日本標準、2012年の211ページと、
Understanding by Design, Grand Wiggins & Jay McTighe, ASCD,
1998, 69ページ）

　最後にもう一つ、30年ぐらい前から「五つの考える視点（5 habits of
mind)」を学校教育の柱に掲げて教育実践を行った高校の話を紹介しまし
ょう。
　この高校は、ニューヨークのハーレムにありました。過去形にしたのは、
現在もその実践をしているかどうか定かではないからです。しかし、IVY
リーグを含めてたくさんの大学に生徒たちを送り込んだことは確かです。
それまでは、家族のなかに高校を卒業した者がほとんどいなかった地域な
のに、です。
　この高校が教育の柱に据えていた「五つの考える視点」は、次の通りで
した。

　❶証拠はあるのか？　それが価値ある情報だとどうして言えるのか？
　❷誰の視点から発信された情報か？
　❸似たようなパターンを見たことはないか？　それが招く結果は何
　　か？
　❹ほかの視点／可能性はないか？
　❺誰にとって意味があるのか？　なぜ、意味があるのか？

　これら（および前述の六つの思考力や理解力も）は、教師に問いかけら
れて考えたり、活動の一環として考えることに価値があるのではなく、在
校中、事あるごとに考え続け、そして自分が考える時の習慣にしてしまう
ことに意味があります。それほど大切なものだということです。

3 多様な話し合いのスキル

　ブッククラブ自体は、読む場ではなく話し合いをする場です。あらかじめ読んで参加するのがブッククラブですから、その場で初めて「読む」ということはしません。ただ、「読み直し」や「自分の理解や解釈を修正したり、補強したり、裏付けたり、広げたり」は確実にします。こうしたことまでを含めて「読む」と捉えるなら、ブッククラブは確実に読む場でもあります。そしてブッククラブは、「話し合い」を通してそれらを可能にする場、ということになります。

　話すこと／話し合うことが極めて効果的な学びの手段であるにもかかわらず、日本においてはその効果がいまだに認識されていないので、学校や学校外の学びの場で有効に活用されていないという状態が続いています。学校での授業や、多くの組織で行われている研修を見ればそれは明らかです。

　話し合いについて何よりも確実に言えることは、読み書きのレベルに関係なく、誰でも参加できるし貢献できるということです。誰でも学校に通い始める前からできますから、読み書きよりはるかにハードルが低いのです。さらに言えば、おとなしく延々と教師の話を聞き続けるよりも、自らが話すことのほうがはるかに楽しいということです。

　にもかかわらず、子どもたちに話し合いをさせないということは、学びにおいて「読み直し」や「自分の理解や解釈を修正したり、補強したり、裏付けたり、広げたり」する機会を提供せず、1回だけ一人で読みっ放しの状態が続いているのと同じです。極めて頭に残る確率が低いアプローチと言えます。

　頭に残る確率を、「聞いたことは10％、見たことは15％、聞いて見た時は20％、話し合った時は40％、体験した時は80％、教えた時は90％」であると、アメリカから来た研究者が教えてくれています（拙著『効果10倍の

教える技術』27ページ）。どうせ教えるなら、40％、80％、90％レベルで教えたいものです。それは、教師が教えない／話さないという教え方です。

　グループで話し合うことによって得られる効果には、少なくとも次のようなものがあります。

　　（1）言いたいことが言え、聞きたいことが聞ける。
　　（2）メンバーが協力して意味をつくり出す。
　　（3）学びの主体者意識がもてる。
　　（4）多様なスキルや姿勢を身につけられる／練習できる（本章で紹
　　　　介しているもの）。

以下で、それぞれについて詳しく説明していきましょう。

（1）言いたいことが言え、聞きたいことが聞ける

　最初に、はっきりさせておいたほうがいいことがあります。それは、2種類の話し方があるということです。つまり、「探究型の話し方」（協力して探究する話し方）と「スピーチ型の話し方」（教師および聞き手が求めている答えを提供する話し方、ないし話し手の主張を伝える話し方）です。前者は、リスクのない開放的な関係でやり取りするインフォーマルな話し方ですが、後者は、正解に収縮していく緊張を伴ったフォーマルな話し方です。言うまでもなく、この違いはとても大きいです。
　「言いたいことが言え、聞きたいことが聞ける」のは、もちろん前者です。後者のかなりの部分は、教師ないし聞き手が求めていること（正解）にあわせた発言になります。
　授業のなかに前者をもっと増やすことを1970年頃から提唱してきたのはダグラス・バーンズ[★4]ですが、日本では依然として軽視され続けています。

価値があるのは教師が話すことであり、生徒たちはすでに正解が存在している教師の質問に答えればいい存在として捉え続けられています。この後遺症は社会人になっても上司と接する時に引きずっており、なかなか探究型の話し方（話し合い方）ができないのが一般的な日本人なのです。実は、これができないと民主主義の実現もおぼつかないのですが……。

　北欧諸国などでは、選挙前も含めて日常的に探究型の話し合いが行われています。もちろん、状況や場合に応じて、これら二つの話し方をうまく使い分けられるようにすることが大切であることは言うまでもありません。

　探究型の話し方によって、自分が知っていることや考えていること、感じたこと、発見したこと、予想したこと、そして抱いた疑問などを紹介・説明できますし、またほかのメンバーが知っていることや考えていること、感じたことなども聞くこともできます。もちろん、相互にそれらに反応することが可能となりますから、結果的にメンバー全員の思考や理解を促進することになります。

　一人で考えるよりもはるかに思考が広がり／深まりますから、一斉授業では実現されることのない、より複雑な内容や高いレベルの思考・理解に到達することができるのです。そして、自分自身が話すわけですから、身につくレベルももちろん高まります。

（2）メンバーが協力して意味をつくり出す

　これを実現するためにはメンバーが相互に傾聴と探究を促し、一つの正解や即断を保留し、個々の理解を十分に共有しあうことが前提となります。

　この種の話し合いは「ダイアログ」と言われ、「ディスカション」とは区別されています。両方とも日本語にすると「話し合い」ですが、その内

★4★Douglas Barnes は、ケンブリッジ大学を卒業後、最初の17年間は高校で教えた。その後、リーズ大学で話し言葉と書き言葉に焦点をあてた研究を行い、1989年に教授を退官。主著は『"From Communication to Curriculum（コミュニケーションを中心に据えたカリキュラム）』。

容はまったく違っています。前者は「対話」、「意見交換」、「拡散型の会話」、「建設的な話し合い」などですが、後者は「討論」、「論議」、「討議」、「収束型の会話」、「結論を導き出す話し合い」などです。

　前者はメンバー全員が参加することになりますが、後者は声の大きい人や地位の高い人が場を牛耳ることが少なくありません。私たちは、この二つを混同しがちですし、ダイアログ形式の話し合いの体験をあまりもっていませんから、ブッククラブをすることはその練習にもなるわけです。

　ダイアログ形式の話し合いのたとえとして「いいな〜」と私が思ったのは、「コンサートのために準備をしている四重奏だ」という言葉です。どこに書いてあったのかは覚えていませんが、どの楽器も一つだけでは成り立たず、互いが存在することで自分も生きるし、相互に引き立つという関係のことです。

　ダイアログをして（協力して意味をつくり出して）いるのか、それともディスカションをしているのか、自分たちの話し合いを録音して聞いてみると明らかになります。

　出されたアイディアのなかから、面白いと思ったものや不思議と思ったものなどを取り出し、それに付け加えたり、膨らませたり、批判や否定はせずに、異なる視点を提供したりしているかなどを確認するのです。要するに、探究的な話し合いや建設的なフィードバックをしあいながら全員が参加し、協力して意味をつくり出していることを確かめるのです。

　これらのことは、たとえ最初からできなくとも、試してみたり、見本を見せられたり、練習したり、フィードバックをもらうことで、小学１年生でも（170〜177ページ）上達することが可能となります。

（3）学びの主体者意識がもてる

　話す人は、間違いなく主体者意識をもつことになります。なかには、聞くことで主体者意識がもてる人もいるかもしれませんが、それは稀な存在

第3章　ブッククラブを通して身につく力や資質　91

でしょう。★5 ブッククラブで人に話す、それも複数の人に対して話す時は、事前に読んだり、メモをとったり、何を話すかについて考えるなどの準備をしたうえで話し合いに臨みますから、主体性のレベルは相当に高いものとなります。

　一斉授業や講演を聞いている生徒や受講者は、自らが受動的な存在であることは認識できるでしょうが、主体者意識をもっている人はほとんどいないでしょう。生徒たちのなかには、教師によって自分はコントロールされているとさえ思っている人がいるかもしれません。

　よほど教師や講演者が趣向を凝らさない限り、生徒や受講者の主体者意識は喚起することはできません。その意味で、教師と生徒、講演者と受講者の関係において、もし生徒や受講者に主体的に学んでもらいたいと思うのであれば、それができる当事者は教師であり講師ということになります。

　そのためにも、教師や講師は自分が話し手から聞き手に転換する必要があります。それに対して、生徒は従来の聞き手だけではなく話し手にもなります。もちろん、読み手や書き手にもなります。教師は、それらのよいモデルを示し続けなければなりません。主体的な学びが実現する状況として、以下のようなことを押さえておく必要があります。

　　・自分たちに課せられた目的が明確である（意味を感じられる）。
　　・振り返り、絶えず改善することができる。
　　・何をどうするかの多くは、自分たちで選択して決められる（ある程　　　度の枠のなかで、教師や講師が設定する）。
　　・実在する課題や状況に取り組む。
　　・熱中して取り組める。

　残念ながら、従来の一斉授業や講演は、これらの要素のほとんどが押さ

★5★傾聴のレベルなら、普通に話すレベルと同じぐらい主体的かもしれない。

えられていないということが分かります。つまり、教師ないし教科書が与えるものをこなすことに忙しいのです。会社などの組織の場合は、これが管理職や上司が与えるものに転換しただけで構造は同じだと言えます。

（4）多様なスキルや姿勢を身につける／練習できる

「メンバー相互の傾聴と探究を促し、一つの正解や即断を保留し、個々の理解を十分に共有しあう」という話し合いを可能にするためには、たくさんのスキルや姿勢が必要です。また、目的ないし目標に集中していながらも、オープンかつ柔軟なスタンスをもっていることが求められます。

すべてとは言わないまでも、話し合いをする際に多くのことについて取り決めを設けてしまっては会話は成り立ちません。自分の考えは一時的なもので、新しい情報や証拠によって変わり得るという意識をもってこそ、初めて「オープンで柔軟なスタンス」がとれるのです。

ほとんどのメンバーがこのようなスタンスで話し合えると、一つのテーマを掘り下げる場合でも、壁にぶつかったり、あるいはより刺激的なテーマに遭遇した際には臨機応変に会話の内容を転換することができます。また、必要に応じて前のテーマに戻るという柔軟なやり取りも可能となります。

受動的に学ぶ時に必要なスキルと、主体的に（探究型で）学ぶ時に必要なスキルは根本的に違います。具体的に言えば、自分たちで計画する、進捗状況を確かめて修正ができる、自分たちで大切な問いかけができる、助けを求めているメンバーにはサポートを提供できる、逆に、助けが必要な時はしっかりと求められる、チームとして機能できるようになる、時間の使い方に敏感になれる、ユーモアで場を和ませられる、メンバー全員の参加を促すことができる、などです。

こうしたやり取りのなかでメンバーは自信をもてるようになり、信頼関係を含めた多様な人間関係を築いていくことができるのです。

第3章　ブッククラブを通して身につく力や資質　93

表6　話し合いに必要な要素

基本的な部分	スキルや姿勢
・ないと困る最低限の決まり事（ルール） ・よく聴き、分かりやすく話す ・3〜5人のグループでの話し合いが基本（徐々に増やすことはできる） ・全員が発言する／貢献することを求められる（メンバーの得意なものを活用する） ・仲のいいグループではなく、異質なグループこそ大事にする ・安心できる雰囲気（バカにされない、敬意をもって受け入れられる） ・仲のよさは保持しながらも、批判的（だが建設的）要素を大事にする ・メンバーが相互にインフォーマルに助けあう関係 ・高い期待をもつ ・誰かのせいにしない ・集中する ・楽しむ	・探究心・好奇心 ・創造的な思考 ・大切なものを選び取る力（クリティカル・シンキング） ・振り返り（増補版『「考える力」はこうしてつける』の第1章を参照） ・協力して物事に当たれる ・計画できる ・ほかのメンバーへの思いやり（大切な存在と思える） ・柔軟な対応 ・自分自身への自信 ・困難な時の忍耐強さ ・問題解決力 ・ユーモアを効果的に使える能力 ・困った時は助けを求められる ・信頼をベースにしたいい関係を築ける（人間関係に敏感になる） ・リスクを犯してチャレンジできる ・より良いものにしたいと思う（最善を尽くす）

（出典：How to Create Positive Relationships with Students, by Michelle Karns, p.8 を参考に筆者作成）

　これまでに説明してきた探求型で、インフォーマルな話し合い、つまりダイアログを可能にする要素を整理すると**表6**のようになります。この表で示した「話し合いに必要な要素」は、会議やミーティングに数多く参加しなければならない大人にとっては欠かせない要素となるでしょう。会議で使うスキルや資質については、すでに拙著『会議の技法』で詳しく紹介しているので本書では触れませんが、興味のある方はそちらを参照してください。特に、192、193、202、206ページなどが参考になると思います。

いい話し合いにしても、いい会議にしても、それはまさに「より良い市民」になったり、「民主的な社会」を自分たちがつくり出すための練習の場と捉えられますが、残念ながら、学級会を見ても、国語（や他教科）の授業を見ても、職員会議を見ても、社内会議を見ても、地方議会や国会を見ても、その片鱗すら見られないというのが日本の現状です。

　そんななかでブッククラブは、些細な試みかもしれませんが、確実に「より良い市民」や「民主的な社会」のための練習の機会として位置づけることができます。

　メンバーが互いに知りあったり、敬意をもって接することからはじまって、「言いたいことが言え、聞きたいことが聞ける」雰囲気をつくり、進め方の共通理解やメンバー相互の役割や責任も理解しながら、互いの想いや考えをどのように表現すればほかのメンバーに受け入れてもらえるのかを練習しながら話し合いは常に進みます。そして、自らと全体のレベルアップに貢献していくことが可能となり、最後には自分たちが成し遂げたことの祝い方まで経験することになるのです。

4　社会人基礎力とEQ・ライフスキル

　2006年、経済産業省が「社会人基礎力」の名のもとに、経済界が求めている人材の能力や資質を下記のようにまとめました。

- **前に踏み出す力**　〜　主体性、働きかけ力、実行力
- **考え抜く力**　〜　課題発見力、計画力、創造力
- **チームで働く力**　〜　発信力、傾聴力、柔軟性、状況把握力、規律性、ストレスコントロール力

　同じ年に、文部科学省も「キャリア教育」を打ち出し、身につけさせた

い能力として以下の4点を掲げました。

- **人間関係形成能力**（自他の理解能力とコミュニケーション能力）
- **情報活用能力**（情報収集・探索能力と職業理解能力）
- **将来設計能力**（役割把握・認識能力と計画実行能力）
- **意思決定能力**（選択能力と課題解決能力）

「社会人基礎力」は学生たちが就職するまでに、「キャリア教育」は高校卒業までに身につけさせたいとの思いで提示されていますが、受験を中心に据えた日本の教育制度のなかで、ここに掲げられた能力や資質が身につくと思っている人はどの程度いるのでしょうか。それほど、理想と現実のギャップは大きいと言えます。

ちなみに、これらに類する能力や資質をアメリカの労働省は、すでに1991年の時点で「SCANS報告書」として出しています。日本の「社会人基礎力」および「キャリア教育」との対比で、その中心的な部分を紹介したものが**表7**です。実は、ブッククラブを繰り返すことで、これらのほとんどが押さえられてしまうのです。

若干経路は違いますが、IQよりも人が成功するか否かの指標により適しているということでダニエル・ゴールマン[6]が提示したのが『EQ～ここ

表7　「SCANS報告書」に示された教育への期待（三つの領域）

基本的なスキル	思考力	個人的な資質
読み	創造的思考力	責任感
書き	判断力	セルフ・エスティーム（自尊感情）
計算	問題解決能力	協力
聞く	情報加工・構成力	自己管理
話す	基本概念の把握と応用力	誠実さ

（出典：拙著『いい学校の選び方』24～25ページ、および http://wdr.doleta.gov/SCANS/whatwork/ を参照）

表8　EQのスキルとライフスキル

	EQのスキル		ライフスキル
自分自身のコントロール	自分自身を知る		誠実 正直 ユーモア 常識 問題解決力 物事を順序だてられる 忍耐 へこたれない 待つことができる
	・自分自身の気持ちとその影響を知る ・自分自身の良い点と悪い点を知る ・自信／自分の価値と能力をわきまえる		
	自分自身をコントロールする		
	・自分をコントロールする ・信頼される自分 ・自分のしたことへの責任 ・変化への柔軟な対応 ・新しいアイディアや情報への対応	信頼されること 責任感 柔軟性 好奇心	
	モチベーション		
	・常により良いものを目指している ・組織の目標へのコミットメント ・進んで挑戦する／チャンスを活かす ・プラス志向	ベストを尽くす 責任感 自ら進んでする	
関係づくり	思いやり／他の人たちの立場に立てる		
	・ほかの人たちの気持ちや視点に立てる ・助ける ・ニーズを把握して、それを満たす ・力関係を把握する	相手を大切にする よく聞く	
	ソーシャル・スキル		
	・影響を与える ・コミュニケーション能力 ・衝突を回避できる ・リーダーシップ、変化の担い手 ・関係をつくれる、協力・連携 ・チームづくり	よく聞く 相手をさげすまない 友達づくり、協力	

（出典：Daniel Goleman, WORKING WITH EMOTIONAL INTELLIGENCE, pp. 32-34, & Susan Kovalik, ITI: THE MODEL, Third Edition, pp. 25-30.）

ろの知能指数』（講談社、1996年）でした。ちなみにこれは、ハワード・ガードナー[★7]が1983年に提示したマルチ能力のうちの二つ、「自己観察管理能力」と「人間関係形成能力」に焦点を当てたものとほぼ同じです（**表8**の左側を参照）。また、スーザン・コヴァリック[★8]が、生涯にわたって必要なスキルとして「ライフスキル」（**表8**の右側を参照）を提示したのは1994年のことでした。

　ブッククラブを含めたリーディング・ワークショップやライティング・ワークショップを実践している先生たちに、これらのスキルが身につくかどうかを尋ねたところ、ほとんどの人が「身につく」と答えてくれました[★9]。その意味では、読み・書きやほかの教科を教えることと、「社会人基礎力」、「キャリア教育」、「EQ」、「ライフスキル」などが身につけられるように教えることを別々にする必要はなく、教え方次第では、両方を一緒に身につけることが可能であることを証明しています。

5　チームワークのスキル

　前節で示した「社会人基礎力」にも「キャリア教育」にも含まれていませんが、アメリカ発の SCANS 報告書、EQ、ライフスキルに含まれてい

★6★Daniel Goleman は、ハーバード同大学大学院で心理学の博士号を取得したあと、同大学で教えたり、〈サイコロジー・トゥデイ誌〉のシニア・エディターを9年間務め、1984年からは〈ニューヨーク・タイムズ紙〉で行動心理学についてコラムを書いていた。1995年に発表した『EQ〜こころの知能指数』は、全世界で大ベストセラーとなる。彼の本は、日本では教育関係者にはほとんどまったくと言っていいほど読まれていないのに対して、ビジネス関係者にはよく読まれている。

★7★Howard Gardner は、ハーバード大学教育学大学院教授で認知・教育学の第一人者で多重知能理論を提唱した。欧米をはじめ中国やシンガポールで普及している。彼の著書は多数日本語に訳されている。私にとって彼の本は難しかったので、より分かりやすい（と同時に、実践しやすい）『マルチ能力が育む子どもの生きる力』（トーマス・アームストロング著、小学館）を訳した。

★8★Susan Kovalik は、過去35年間、脳の機能をベースにした教え方を教師たちに紹介し続けている。当初は、「Integrated Thematic Instruction（ITI）」の名称で普及していたが、現在は「Highly Effective Teaching HET）」に変更している。

★9★「WW の思わぬ（偉大な）おまけ」で検索すると、これに関する記事が読める。

るものが、協力して事に当たるチームワークのスキルです。

アメリカで「チーム学習」が強調され出したのは1980年代の半ばでした。残念ながら、日本では受験を含めて勉強の世界はすべて競争の原理で動いていますから入り込む余地がありませんし、企業も弱肉強食の競争の世界ということで、協力よりも競争を煽る傾向が続いています。

アメリカの企業間競争や企業内競争は日本と遜色のないレベルとなっていますが、すでに1980年代に「求められているのは競争ではなく、協力だ」という立場に立って、その具体的な指導原理というか、学び方・教え方を提示したのが1984年に出版された『Circles of Learning: Cooperation in the Classroom（学習の輪）』の初版でした（邦訳は二瓶社、1998年）。

私が最初にこの学び方・教え方に出合ったのは、1980年代後半に『テーマワーク』や『ワールド・スタディーズ』、『いっしょに学ぼう』（いずれも、国際理解教育センターより邦訳出版）などイギリスで開発された新しいタイプのグローバル教育を通してでした。外国（異文化）理解や外国語が話せるようになることにはまったく目もくれず、協力やコミュニケーションの大切さが、分かりやすく教室レベルの活動として提示されていたのです。

なお、日本ではこの「チーム学習」を直訳して「協同学習」として学界まで設立されていますが、ほとんどの教師にも、ましてや生徒たちにはピンと来ない言葉なので、私はあえて「チーム学習」を使います。この語句のほうが、それがどんなもので、どんなことが求められているのか想像がつきやすいと思います。

チーム学習は、1990年代以降、教科に関係なく欧米では最も受け入れられている教育手法の一つです。前述した『学習の輪』が、その包括的な枠組みを提示してくれています。

❶メンバーは互いにサポートしあう関係（チームとして機能）
❷膝を突きあわせての活発なやり取りが基本

❸個人とチームの両方の責任が問われる

❹チームの対人関係スキル（社会的スキル）を磨く

❺チームでの振り返りと修正・改善が活動に組み込まれている

　ブッククラブはチーム学習を意識して行われているわけではありません（実際、ブッククラブがはじまったのは、少なくともチーム学習よりも300年以上前のことです）が、これら五つの要素を見事なぐらいにリンクさせながら展開しています。

　以上のような枠組みで行われるチーム学習、およびそれを体現しているブッククラブの効用としては以下のようなものが挙げられます。

　　・協力して学ぶ／話し合うことで、中身が深まり広まる。

　　・協力して事に当たること（話し合うこと）で、家族、友人、地域、
　　　職場など、人生全般において役立つスキルが身につく。

　　・社会的スキル（ライフスキル）が身につく。

　　・チームで学ぶこと／話し合うことは楽しい。

　要するに、メンバーをより良く知ることで気遣いや思いやりが生まれ、それがメンバー同士のより高い目標の設定・達成を可能にするのです。一人では成し遂げられなかった目標の達成を協力して実現することで、より高い自尊感情、自己効力感（自分の能力に対する自信）、セルフコントロールなどが芽生えます。それによって、相乗効果と好循環を生み出していくわけです。

　次ページの表9は、チーム学習と日本にも従来からあるグループ学習（班学習）を比較したものです。この表によって、私たちがこれまでにやって来たグループ学習（班学習）が、効果を上げていないという理由が理解できるのではないでしょうか。

100　パート**1**　ブッククラブとは

　また、チーム学習では、最初から全部がやれるわけではなく、段階的に
やるべきことを押さえ、ゆくゆくはすべてのチームワークのスキルが身に
つくように進められていきます（**表10**を参照）。もちろん、ここまで厳密
に段階分けして忠実に教えていく必要はありませんが、押さえるべき項目
が網羅されていることで安心できますし、評価項目としても使えます。

表9　チーム学習と従来のグループ学習（班学習）の比較

チーム学習	従来のグループ学習（班学習）
・相互の協力関係が強い。 ・相互の信頼関係が不可欠／築かれる。 ・チームという意識がある。 ・メンバーは多様に変わる。 ・リーダーシップや各役割は分担される。 ・全員の協力がないと目標が達成されない。 ・目標を達成することと人間関係の両方が大事にされる。 ・社会的スキル（コミュニケーション）が教えられるし、活動を通して身につく。 ・教師は各グループを観察し、支援する。 ・各グループは自分たちのしたことを振り返り、常に修正・改善を行い、より高い目標を設定する。 ・各メンバーに対する評価とグループに対する評価は別々に行われる。 ・タダ乗りは許されない。	・相互の協力関係が弱い。 ・相互の信頼関係の欠如／築かれない。 ・チームという意識がない（教師にお付き合い）。 ・メンバーは固定化されがち。 ・リーダーおよび各役割の固定化が顕著。 ・一人か二人に依存することになりがち。 ・目標の達成のみが強調される。 ・社会的スキル（コミュニケーション）は教えられないし、活動を通して身につかない。 ・教師は、子どもたちを観察するかもしれないが、サポートの仕方を知らない。 ・各グループが反省することはあるかもしれないが、修正・改善も、より高い目標の設定も行わない。 ・グループに対する評価が各メンバーに対する評価である。 ・タダ乗りをする者が存在する。

（出典：筆者作成）

第3章　ブッククラブを通して身につく力や資質　101

表10　チームワークのスキルの段階的な獲得目標

①形成段階 　相互によく知って、信頼しあう	・素早く静かにグループになる。 ・グループを離れない。 ・静かな声で話す。 ・順番に話す。 ・よく聞く。 ・話している人を見る。 ・茶化さない。 ・話しかける時、相手の名前を呼ぶ。 ・時間を守る。
②機能段階 　正確かつ曖昧でないコミュニケーションを行う	・意見や考えを分かちあう。 ・はっきりしない時は確認する。 ・方向性をもって話し合う。 ・脱線してしまった時は引き戻す。 ・あまり発言していない人に発言を促す。 ・助けや意味の明確化を求める。 ・賛同の意思表示をする。 ・分かりやすく言い換える／説明する。 ・ユーモアややる気で、チームの意欲を喚起する。
③定着段階 　互いに相手を受け入れ、支えあう	・今し方の話し合いを自分なりに整理して提示する。 ・情報を付け加えたり、異なる視点を提供する。 ・すでに出された点に関連づけて発言する。 ・記憶に留める方法を使う（イラストやメモなど）。 ・ほかのメンバーの考えを問いかける。 ・メンバーが理解しているのかどうかを確認する。 ・焦らないで待つ。
④醸成段階 　対立や意見の相違も建設的に解決する	・人ではなく意見に異を唱える。 ・メンバー間の意見や考えの違いをはっきりさせる。 ・理由や例を挙げる／求める。 ・根拠を尋ねる。 ・より深い理解を得るための質問をする。 ・複数の解釈や結論を提案してみる（歩み寄る・妥協する）。 ・グループの進み具合や調子を確認する。 ・仲間を褒める／感謝する。

（出典：Circles of Learning: Cooperation in the Classroom（4th Edition）, D.W. Johnson, R.T. Johnson, & E.J. Holubec, 1993, Interaction Book Company の3：21と6：4〜9ページと、その第5版を訳した『学習の輪』（石田裕久・梅原巳代子訳、二瓶社、2010年）の118ページと128〜133ページを参考に作成）

パート

2

具体的な
ブッククラブの紹介

「まず、多種多様の本が継続的に読むことがで
きます。次に、読んだ本から学んだことが人に
よって違うことが分かり、幅広い読み方の訓練
になります。そして、作家からも読み会のメン
バーからも"みんな違ってみんないい"を実感
でき、自分自身の人生の尊さを学べます」
　　　（大人のブッククラブのメンバー・団体職員）

「パート2」では11種類のブッククラブを紹介していきますが、読みやすさと、実際に実施している人たちの生の声が読者に届くようにインタビュー形式にしました。もし、分かりにくいところや疑問などがありましたら、pro.workshop@gmail.com までお問い合わせください。

特に、第2章の小学校で実践している2人の先生に対してのインタビューは、実際に読者が実践できるようにするためにかなり詳しく聞き出しましたのでほかの事例よりも長くなっていますが、十分に読み応えのあるものになっています。これにより、教室の中で授業として行うことと、実際にブッククラブをはじめようとする大人でも、アプローチがあまり変わらないことが分かっていただけるでしょう。

第1章 大人対象のブッククラブ

1 社会人のブッククラブ「読み会」（4年間、10人）

Q：「読み会」をはじめたきっかけは？
A：2008年、生涯現役夢追塾3期生の授業の時、本書の著者である吉田新一郎さんが六つぐらいのグループに編成してはじまった「本の読み会」の一つで、卒塾後もメンバーを拡大しながら継続しています。

★1★長年培ってきた技術や経験、能力や人脈などを活かしながら、退職後も生涯現役として社会貢献活動や経済活動などの担い手として活躍していく人材を発掘、育成することを目的とした北九州市の事業。対象は、50歳以上の在住・勤務者。

まずは「乾杯」からはじまる「読み会」

　当初は、メンバー4人の頭文字をとって「チーム SANTa」と名付けたのですが、残念ながらSさんが事情あって卒塾後3回ぐらいで退会し、「サンタ」の名称は意味がなくなってしまったので、現在では単に「読み会」と称しています。その後、メンバーが知人を紹介する形で次々と新会員が加わり、現在は10人（男6人、女4人）となっています。そのうち、6人が夢追塾の卒塾生です。これ以上増えると収拾がつかなくなるので、とりあえずメンバーの拡大はやめています。

Q：自分たちのブッククラブの特徴をまとめると？
A：毎月、幹事役が決めた本をメンバー各自が自宅で読み、幹事が指定する日時場所に集まって感想を述べあっています。メンバーの共通項は、住所や勤務地が北九州市（近郊も）ということだけです。年齢は1人が20代の大学生で、残りは50代〜60代です。生まれ育った地域も職業なども様々です。それだけに、お互いのしがらみもなく、様々な視点からの意見交換が自由な雰囲気のなかでできることが一番の特徴となっています。

　また、そのせいか、メンバーそれぞれにとって"意外"な「お題本」が

出てくるのが楽しみでもあります。言ってみれば、「どっちから飛んでくるか分からないボール」というワクワク感です。

意見交換会では、別にルールを設けたわけではありませんが、他人の意見に「賛同」、「同意」はしても「批判」、「非難」はしないという“大人の場”になっているところも居心地のよい理由かもしれません。さらに付け加えるなら、毎月、場所を変えて料理と酒を楽しみながら開催している点が“もう一つの魅力”になっています。

Q：どんな本を読んでいますか？
A：例えば、『エンパワーメントの鍵』、『ギヴァー〜記憶を注ぐ者』、『ドキュメント宇宙飛行士選抜試験』、『この命、義に捧ぐ』、『病床六尺』、『銀の匙』、『逆説の日本史（第1巻）』、『デパートを発明した夫婦』、『豆腐屋の四季』、『夜と霧』など、もう30冊以上読んできました。

Q：本の選び方と進め方は？
A：月1回のペースで「読み会」と称して集まっています。幹事は月ごとの輪番制になっており、これまでに読んだ本のなかから他人にもすすめたい本、あるいは読みたいと思っている本を1冊だけ指定します。推薦の本は、先ほども言いましたが「お題本」とか「宿題本」とか呼んでいます。

各メンバーは、自分で「お題本」を入手して読み終えます。そして、これも幹事の推薦の店（居酒屋がほとんどですが、ほかの客との関係もあるのでなるべく個室を指定するか、小じんまりした静かで落ち着いた店を選んでいます）に集まって、酒を飲みながら感想を述べあっています。酒好きのメンバーが多いので、和気あいあいと本音の意見が出るところが面白いです。

「お題本」は、各メンバーの個性が出てあらゆるジャンルに及びます。一人だとどうしても読む本の傾向が偏ってしまいがちですが、このやり方だとかなり「広角打法」になるので興味が湧きます。「お題本」をすでに

読んだことがある人も、原則としてこれを機会に再読しています。

Q：いい話し合いができた本と話が弾まなかった本はありますか？　また、その違いは？
A：話が弾まなかった本はありません。なぜなら、その本のテーマの核心かどうかは別にして、関連の話題でどこまでも広がっていくからです。その意味で、話題が拡散せずに比較的集中できた（好評、批判の双方で）という印象が残っているのは『奇跡のリンゴ』、『動的平衡』、『老いの才覚』、『働かないアリに意義がある』、『木に学べ』などでしょうか。生活関連や自然科学系が身近に感じられるからかもしれません。

Q：具体的な読み方、話し合い方について教えてください。
A：毎月の読み会の終わりに、翌月の幹事が「来月のお題本」を発表します。その後、幹事がメールで全員の都合を聞いて次回の読み会の日程を決定します。各メンバーはそれまでにお題本を読み終え、当日、お題本を持って幹事指定の店に集まります。乾杯のあと、幹事がまずお題本を選んだ理由や、再度読んでみた感想などを述べてから全体討論に入ります。順番に意見発表することもありますが、通常はフリートーキングです。その作家のほかの著作や、作家や著作に関連するエピソードなどを紹介してくれる人がいると、話題はどんどん盛り上がっていきます。
　基本的には幹事がリード役ですが、型にはめないで、各人が思うところを述べあっていますし、横道にそれることも大歓迎となっています。忙しくて全部読めなかったメンバーがいる時もありますが、大きな問題にはなっていません。

Q：これまでに最も盛り上がった話し合いについて詳しく教えてください。
A：曽野綾子『老いの才覚』と三浦綾子『塩狩峠』の作品は、たまたま2か月連続のお題本となったのですが、メンバーの一人が「若い頃、曽野綾

子と三浦綾子の区別がつかず混同していた」と話したのがきっかけとなって、「私も」という人が複数出てきて、「真反対の性格」、「まったくの対極」、「考え方も、容姿も、生活環境も……」などの比較論で盛り上がりました。同じクリスチャン作家でもこれだけ違うのかと、二人の著作の特徴などを例示しながら白熱した議論になりました。

　『働かないアリに意義がある』では、アリやハチの社会とメンバーそれぞれが経験した（経験している）職場環境と照らしあわせ、「つまり、昆虫と人間の集団行動は同じなのか！」という話で大いに盛り上がり、人生哲学にまで発展する高尚な意見交換となりました。

Q：本の内容から脱線することは？　また、その時の対処法は？
A：脱線はしょっちゅうと言っていいほどですが、いつも誰かが、ある一定の場面で見事に本線に戻してくれます。脱線と言っても、転覆するほど復帰不可能になることはありません。本のテーマを広い視野から論じるためには、たまにはある程度レールから離れてみたほうがいいのかもしれません。

Q：クラブが存続の危機に瀕したことはありますか？　その時、どう対処しましたか？
A：危機と言うほどのことではありませんでしたが、今思えば……ということがあります。当初はメールでのやり取りで運営していました。しかし、自分も含めてどうも乗り気がせず、全体の雰囲気も積極的でないムードの時期がありました。

　ある日、「次回は忘年会を兼ねて飲みながらやりませんか？」というあるメンバーの提案を受け、店に集まってやってみたところ、この方式が定着しました。この方式だと、リアルタイムで意見交換できること、お互いの表情や語感が読み取れて対話が深まるので面白いです。

Q： 他のブッククラブの存在をご存知ですか？　また、この会以前に経験したことは？

A： ありません。

Q： ブッククラブをすることをほかの人にすすめますか？　その理由は？

A： 大いにすすめます。ほかの人はともかく、自分の経験では、読書は1人では長続きしないし、したとしても読む本のジャンルが偏ってしまいます。その意味では、他人が推薦する本を"強制"されることはある意味でいいことです。

　さらに、一人では"読みっ放し"になってしまいがちですが、感想を披瀝しあうことで自らの読書力が研ぎ澄まされるし、ものの考え方が深まり、プレゼンテーション力も培われます。

Q： ブッククラブをしてみたいという人たちへアドバイスをお願いします。

A： やっぱり、気が合う人たちとでないとしっくりいかないし、和やかな雰囲気で、かつ有意義な読書会として維持することは難しいと思います。メンバー同士、互いに尊重しながら運営するムードやルールづくりが必要でしょうね。それと、集まりやすさや会員同士の意見の浸透度を考えると、住居範囲や人数など、一定のサイズを考慮したほうがいいのかもしれません。

Q： 最後に、ブッククラブに参加し続けている要因を整理してください。

A： まず、多種多様の本が継続的に読むことができます。次に、読んだ本から学んだことが人によって違うことが分かり、幅広い読み方の訓練になります。そして、作家からも読み会のメンバーからも「みんな違ってみんないい」を実感することができ、自分自身の人生の尊さを学べます。

2 主に教師たちの「大人のブッククラブ」（3年間、5〜12人前後）

Q：「大人のブッククラブ」をはじめたきっかけは？
A：『リーディング・ワークショップ』（ルーシー・カルキンズ著）に書かれているブッククラブを授業で実践していて、子どもたちがそれをする様子に心を動かされ、自分たちも実際にやってみたくなったというのがきっかけです。その楽しさを、自分たちで体験してみたかったのです。

Q：自分たちのブッククラブの特徴をまとめると？
A：回数を重ねて仲間になってきているので、自分の考えを自由に話すことができます。もちろん、初めての人も楽しんでくれます。「もっと、ちゃんと読んできたかった」と言う人もいれば、時間がなくて熟読できなかった人も「みんなの考えを聞いているだけで楽しかった」と言っています。
　この本は、きっと○○さんならこんな風に読んでくるんじゃないか、などと予想ができてしまうところが面白いです。

Q：どんな本を読んでいますか？
A：話題の本、子どものブッククラブに使えそうな本、少し難解で一人では読めなかった『獣の奏者』、『精霊の守り人』、『ギヴァー』、『ビーバー族のしるし』、『パパラギ』、『エミール』、『無気力の心理学』、『銀の匙』、『奇跡の教室』、『福翁自伝』などを読んでいます。

Q：本の選び方は？
A：「次回は何がいいですか？」と尋ねて、挙げられた本のなかから、入手しやすくて話し合いが深まりそうな本を各メンバーに確かめて決めています。

いつも盛り上がる「大人のブッククラブ」

Q：どこで会っていますか？
A：メンバーの親戚が代表をしている、某大学同窓会関連のアンティークな建物です。格安で会議室を借りられますし、交通の便もよいです。

Q：具体的な読み方、話し合い方について教えてください。
A：予読が前提です。試行錯誤の末たどりついた話し合い方は、まず一人7分ずつ自分の読みを語ります。全員が語り終わったら、共通のテーマが挙がってくればそれ（ら）について話し合います。例えば、持ち時間の間に「〜のテーマでみんなの考えを聞きたいです」と言う人もいます。

　順番は、初めの頃はくじなどで決めていましたが、今は「誰から行く？」のような感じで自然に決まっています。最初に発言したいという人は必ずいるものです。もし8人以上になったら、2グループに分けて話し合います。

Q：これまでに最も盛り上がった話し合いについて教えてください。
A：『獣の奏者』と『精霊の守り人』を読んだ時は、物語のなかにどっぷ

り入り込んで、主人公になったように読んでいく読み（女性がこの傾向）と、「この話は……で」などと物語のあらすじや意味づけを淡々と語る読み（男性がこの傾向）が対象的となって、とても面白かったです。また、人の読みを聞いている時に、「ええー！　そんな風に思ったのー？」、「自分と全然考えが違うー！」などが乱発されました。

『銀の匙』と『奇跡の教室』は、2冊の関連本のブッククラブでした。『銀の匙』を中心に話す人、『奇跡の教室』を中心に話す人、ほかの関連本を読んでくる人、感動して涙を流す人、日本語の美しさに言及する人など、たくさんの視点でそれぞれの価値観が表面に出て、次の日まで「ああ、面白かった！」と余韻に浸りました。

Q：本の内容から脱線することは？　また、その時の対処法は？
A：あまり脱線した記憶がありません。脱線したとしても、大人なのでみんな自然と本筋に戻っているのだと思います。

Q：クラブが存続の危機に瀕したことはありますか？　その時、どう対処しましたか？
A：今のところありません。春、夏、冬に約7〜8名ずつくらいはコンスタントに集まります。ちなみに、最少催行人数は3人です。

Q：ほかのブッククラブの存在をご存知ですか？　また、今の会との違いは？
A：最近、司書の集まりの読書会に参加するようになりました。そこは全員が女性だということもあり、話し合いの雰囲気が違っていて刺激を受けています。

Q：ブッククラブをほかの人にすすめますか？　また、その理由は？
A：「面白いし、ためになるよ！」と、どんな人にもすすめたいです。本

の内容が深く理解できるだけでなく、ほかの参加者のものの考え方（生き方）が見えてくることが面白くてたまりません。確実に読みのレベルがアップしますし、新しい世界が広がります。そして、止まらないほどおしゃべりができるということも楽しいです。

Q：今答えられた「確実に読みのレベルがアップしますし、新しい世界が広がります」について、少し補足してください。
A：読書というのは実に個人的な体験で、その本の作者の言葉に耳を傾けて対話をし、その結果を自分のなかで完結させてしまいます。もちろん、それでもかまわないのですが、さらにリアルな人間相手にも「他者の自我に耳を傾ける」ことがブッククラブではないかと思うのです。

　それはある意味、大切に守ってきた何かを寒風にさらすような経験ですが、それこそがレベルアップには必要でしょう。つまり、独りよがりを修正して、さらに深い読みや自分一人では気づかなかった何かを理解できるチャンスだということです。

Q：「他者の自我に耳を傾ける」ですか？
A：これまでに体験したブッククラブで、私は何に喜びを感じたのか？う〜ん、それは自分の解釈を人に聞いてもらえることだったと思います。それは、稚拙で独りよがりで聞く人によっては不快に思われたりするものかもしれませんし、逆に誰かに思いもかけない啓示を与えるようなものかもしれません。でも、そういうこととは関係なしに、まるで聴いている人がいてもいなくても関係なく歌う歌のように、純粋にしゃべるのが楽しかったのです。「他者の自我に耳を傾ける」ことの効用は、むしろ後付けのようです。

Q：ブッククラブをしてみたいという人たちへアドバイスをお願いします。
A：細くても、長く、定期的に続けましょう（自分自身に言っている）！

「勉強会」とは違うサロンのような雰囲気

　記録をしっかりつけることも、大事なことのような気がします。詳しくは http://pirokeyno.blog55.fc2.com/ を覗いてください。
　あと、場の環境もとても大事です。サロンのようなカンフォータブルな空間を演出してほしいです。今使わせてもらっているアンティークな建物の会議室は、その意味では理想的と言えます。

Q：最後に、ブッククラブに参加し続けている要因を整理してください。
A：みんなで読むとなると、本を丁寧に読むようになります。読むだけでなく、自らの読みを語るための準備をすることになるので、それ自体が楽しいです。
　そして、メンバーと会って話すことでほかの人の考えが分かるだけでなく、自らの読みの傾向や癖も分かるし、みんなと仲良くなれることが何といっても楽しいです。もちろん、終わってからの食事とビールも！

3 大学で英語を教える先生たちのブッククラブ（2年間、6人）

Q：メールでのブッククラブをはじめたきっかけは？
A：授業研究のグループ（Reading & Writing Workshop Project）に入ったことがきっかけではじめました。

Q：参加したブッククラブの特徴をまとめると？
A：グループが目指している授業方法に関しての参考図書を読み合うことで、授業実践に活かす、またメンバー間の授業実践への活かし方も本を読みながら共有しました。読書でお互いの知識、実践を共有しながら、グループでリーディング・ワークショップとライティング・ワークショップの★2授業方法の提言、発信を英語教育界にしてゆくことを並行して行っています。

　実際、極めて友好的かつサポーティブで、プロフェッショナルなやり取りが行われました。

Q：どんな本を読みましたか？
A：具体的な書名は以下の通りです。
　　①"In the Middle"（Nancie Atwell）
　　②"How's it Going?"（Carl Anderson）
　　③"Assessing Writers"（Carl Anderson）
　　④"Guiding Readers and Writers"（Irene C. Fountas & Gay Su Pinnell）
　　⑤"Conferring with Readers"（Jennifer Serravallo & Gravity Goldberg）

Q：本の選び方は？
A：2人のコアメンバーが推薦した本を全員で承認して選択しています。

Q：いいやり取りができた本とそうでない本の違いはありましたか？　また、その理由は？

A："いいやり取り"かどうかについてはうまく答えられませんが、最初の４冊までは、私自身がかなり時間をかけて各章を読み、メーリングリスト（ML）でのやり取りで本の中身についてたくさん学びました。５冊目の本のやり取りは、途中で立ち消えになった気がします。うまくいった背景を考えてみると、本それ自体のもつ魅力が、やり取りの活発さに影響しているのでしょう。

　それ以外では、メンバーのなかには選んだ本をすでに読んでいる人もいたので、その人たちの適切で「情熱」あふれるコメントやフィードバックがやり取りを促進し、やり取りの活発性への誘引役になったと思います。また、ブッククラブが初めての私にとっては、コメントやフィードバックに反応をもらえることで書き込みがしやすく、次へのやる気が出てきました。

　それから、５冊目の本のやり取りが立ち消えになった理由は、私自身、本の内容についての新鮮さが４冊目までの本に比べて減ってきたからです。

Q：具体的な本の読み方と、メールのやり取りの仕方について教えてください。

A：グループが目指している授業方法に関しての参考図書を、各章、決まった日までに読み、グループメンバーがコメントや質問をグループのMLに書き込み、それを共有しながらお互いにコメントや質問を出しあっています。

★２★リーディング・ワークショップとライティング・ワークショップについては、『リーディング・ワークショップ』（ルーシー・カルキンズ著）、『ライティング・ワークショップ』（ラルフ・フレッチャー＆ジョアン・ポータルピ著）、『作家の時間』と『読書家の時間』（共に、プロジェクト・ワークショップ編）、『イン・ザ・ミドル』（ナンシー・アトウェル著）を参照。

Q：最も盛り上がったやり取りについて詳しく教えてください。

A：特にどの本が盛り上がったというのは思い出せません。どのやり取りも、それぞれ意見を出しあっていたなかで盛り上がっていたと思います。

Q：読んだ内容は仕事に活かせましたか？　活かせた事例があったら教えてください。

A：はい、活かせています。1冊目のAtwellの本の各章について、自分の書き込みと他のメンバーからのコメントをプリントアウトしてファイルしています。そして、応用できそうな点については赤線を引いています。特に、リーディング・ワークショップやライティング・ワークショップの根幹となるような、印象的な引用文や交換した多くの授業アイディアも同様です。

　また、三つの点（学んだ点、質問・疑問、応用できそうなこと）に整理して書き込みをしたことは、あとで見る場合にとても便利でした。ブッククラブで読んだ内容を読みっ放しにしないためにも、いい方法だと思っています。具体的には、作家ノート、評価の仕方、学生との接し方（カンファランス）で活かしています。

Q：ブッククラブの存在はご存知でしたか？

A：知りませんでした。本をみんなで読み合い、感想を発表しあうという経験、恥ずかしいことに今回までありませんでした。今まで、洋書の小説を読むブッククラブに誘われたことがありますが、時間的に余裕がなかったので、興味はあっても参加しませんでした。

Q：小説を読むブッククラブには参加せずに今回参加されたのは、自分の仕事に直結するからですか？

A：実は、小説はあまり興味がないというと、これまた恥ずかしいのですが、ノンフィクションに興味があります。もし、私の興味のある内容だっ

たなら、時間を何とか取ってでも参加していたかもしれません。それから、自分の仕事に直結する"In the Middle"[★3]という本であったこともその理由です。

Q：メールによるブッククラブをすることをほかの人にすすめますか？
A：一人ではできない学びができるのですから、もちろんすすめます。理由の一つに、仕事に役立つ専門的な本を、楽しくかつほかの人の読み方まで知れるという効果的な方法だからです。メンバーとのやり取りを通して本に書いてあることの理解が深まったり、広がったりします。
　二つ目の理由は、時間的、地理的な制約のある人たちにとっては、現代の情報技術を上手に活かせるやり方だと思います。そして三つ目として、従来の読書会では口頭でコメントを伝えあうというのが主流だと思いますが、それを「書く」という作業を通してメンバーに伝えあうことがよいと思いました。

Q：口頭と書くことの違いは何でしょうか？
A：実際、両方を経験していないので比較できませんが、「書く」点のよさは読み返しが可能ですし、保存もできます。仕事関係のブッククラブは、メールでするほうが、目的がはっきりしてよいのではないでしょうか？
とはいえ、対面のブッククラブも、サロン的だし、集まることで人間関係も構築でき、本の話題以外にも発展してゆく可能性があるので、将来、退職して時間がいっぱいできたら参加したいと思っています。

Q：メールによるブッククラブをしてみたいという人たちへアドバイスをお願いします。

━━
★3★この本は、アメリカにおける中学校レベルのライティング・ワークショップとリーディング・ワークショップを紹介している実践書。長年、この分野で最も読まれている本の1冊で、このブッククラブが行われた8年後に『イン・ザ・ミドル』（ナンシー・アトウェル／小坂敦子他訳、三省堂、2018年）として翻訳出版されている。

A：まずは、少なくとも 2 ～ 3 人の中心メンバーが音頭をとること、そして本の選択を慎重にすることが大切だと思います。次は、コミュニティーづくりを工夫するということです。まったく知らない者同士がメンバーになる場合は、対面の機会を設ければよいのではないでしょうか。もちろん、ネットへの書き込みで生まれるコミュニケーションの不都合、不便さ、誤解などを避ける努力も必要になります。

　また、書き込みは自由ですが、書き手、読み手が整理しやすいカテゴリー（例えば、一番面白かったこと、質問したいこと）があると双方での話の展開が見やすくなります。そのほかにも、お互いの書いたことに一言でもいいので温かい反応をしたり、忙しい時でも、一言でいいので書き込むと活性化につながると思います。

　最後に、ブッククラブの目標とか目的があれば、活動の方向とか今の立ち位置を確認しながら読めるし、好奇心や持続への意欲がさらに湧くのではないかと思います。ただ、この点は、実際はもっと柔軟のほうがよいのかもしれません。

Q：メールによるブッククラブに参加した感想、印象、ほかにブッククラブについて言っておきたいことをお願いします。

A：一人で、あの 4 冊の本をあそこまで読むことは無理でした。仲間がいたからこそ読めたと思います。そして、仲間のコメントから学んだことは計りしれないぐらいあります。

　対面のブッククラブのよさも捨てきれませんが、ネット上でのブッククラブには草の根のコミュニティーづくりの新しい可能性を含んでいると思います。ソーシャルメディアが発達して、フェイスブックなどで自己開示したり、相互にコメントを言いあったりする文化が生まれつつあります。ネット上で、不特定多数の人々がある本を読み、そのコメントを共有しあうようなシステムもできるかもしれません^{★4}。

　また、過去の文人たちを現代に生き返らせることがネットを通してでき

第1章　大人対象のブッククラブ　121

るのも面白いし、時間や地理的制約を越えたメンバーとのコミュニティー
づくりも魅力的です。

**Q：今のお答えから浮かんだアイディアですが、学生を4人ぐらいずつの
チームにしてブッククラブをメールでやってみるということは可能だと思
いませんか？**
A：最近の学生は、パソコンよりもスマートフォンを愛用しています。で
すから、これをうまく利用すれば、結構、動機づけとしてはいいかもしれ
ません。

　学生の知的な関心度にもよりますが、グループで一つの本を自主的に決
めて、読書のスケジュールも決めて、いつも愛用しているスマートフォン
で読後感想をお互いに発信しあうことはいいと思います。

　私は紙の本が一番だとは思いますが、もしかしたら、電子書籍もこれか
らの読書の習慣づけには一役買うかもしれません。面白そう！、です。

**Q：ぜひ、試してみてください。ほかに補足しておきたいことはありませ
んか？**
A：ブッククラブの利点は、一般には「自分にはできない読み方や解釈が
できる」ことだと思いますが、私の場合はそれだけに留まらなかったとい
うことです。

　ブッククラブを通して、それ以外のプロジェクトに取り組めたことも大
きかったです。もちろん、ブッククラブがあったおかげで、一人では時間
をつくって丁寧に読むことがなかった本が読めた、ということはとても大
きなメリットです。また、ブッククラブを通してお互いの考え方を少しず
つ知ることができたこともよかったです。

　でも、それよりも私にとって大きかったのは、ブッククラブが「学ぶ仲

....

★4★事実、アメリカなどではすでに盛んに行われている。

間をつくるきっかけ」になり、そこからいろいろと発展したということです。具体的には、学会でTさんたちと一緒にワークショップを考えて実施したり、Kさんと「作家ノート」のワークショップを一緒に考えてやったりと、一人ではつくれないものがつくれました。

大学教授によるブッククラブ
（「英語授業の幹」は登録が41名、オフ会参加者＝積極的な参加者が15名で、2年強。「メンターについて学ぶ」は10名で、2年強）

Q：ブッククラブをはじめたきっかけは？
A：Reading & Writing Workshop Project（『リーディング・ワークショップ』と『ライティング・ワークショップ』のアプローチを英語で実践してみようというプロジェクト）での経験をもとに、地元の高知で先生方に呼びかけてオンラインのブッククラブを二つ立ち上げました。中高の英語教師を対象にした「英語授業の幹ブッククラブ」と、教育委員会の指導主事を対象にした「メンターについて学ぶブッククラブ」の二つです。

Q：それら二つの特徴をまとめると？
A：何らかの目的を実現するために、事前の勉強を目的としているという点は共通しています。しかし、メンバーの構成によってやり取りの質が変わるようです。「英語授業の幹」のほうは現職の教員が主なメンバーですが、主体的かつ気軽にメールを出しあっています。一方、「メンターについて学ぶ」のほうは指導主事がメンバーであり、多忙なこともありますが、慎重な発言が多いかもしれません。

Q：本の選び方は？
A：「英語授業の幹」は、始めに本ありきでした。『英語授業の「幹」をつ

くる本』という本があって、その実践から学んで「英語授業の幹とはなんぞや？」を探るプロジェクトをはじめたのです。以前は、毎月の定例会で輪読をすることが多かったのですが、Reading & Writing Workshop Projectでの経験をもとに新しい形を提案しました。

　一方、「メンターについて学ぶ」のほうは私が選びました。専門的な技法を紹介するタイプのものというよりは、刺激になるもの／発想の転換を呼び起こすことに重点を置いているものを選びました。書名は、『メンタリング・マネジメント〜共感と信頼の人材育成術』です。

Q：いいやり取りができた本とそうでない本の違いはありましたか？　また、その違いは？
A：参加者の問題意識にずばり訴える本がいいやり取りを生むように思います。つまり、問題意識が共有される内容があるということです。また、自分自身の経験や仕事に関連づけやすい本も盛り上がると思います。地元でやったブッククラブでは、章によってずいぶん活発になる時とそうでない時がありました。

Q：具体的な本の読み方と、メールのやり取りの仕方について教えてください。
A：週に１回、決められた章について感想を送りあう形式をとっています。以前、吉田さん（本書の著者）に示していただいた内容（①学んだ点、②質問・疑問、③やってみたいと思ったこと、④その他、何でもメンバーと共有したいこと）を伝えていますが、みなさんそれぞれにメールの書き方のスタイルが違います。綿密にレポートをする人、アウトラインだけの人、自分の意見のみを書き連ねる人などです。

　メールのやり取りに加えて、月１回の定例会で振り返りをやっています。その月に読んだ章に付箋をつけてくるなどして、気になった箇所やよかったところ、疑問点などを３人くらいのグループで語り合っています。

毎回30分くらいとっていますが、時間が足りないくらいです。メールで書き足りなかったこと、実際の授業での実践の説明や振り返りなど、語ることが山ほど出てくるようです。オンライン（メールでのやり取り）とオフライン（会って話し合う）の組み合わせが効果的であると感じています。

Q：最も盛り上がったやり取りについて教えてください。
A："In the Middle" を読んだ時は、みなさん新鮮な気持ちにあふれ、熱のこもったやり取りが続いたように記憶しています。発想そのものが伝統的な授業の形態を否定するものだったので、各自がもっていた問題意識とシンクロした感じがしました。

　一方、地元でやっているブッククラブは、みなさん日常の業務が忙しいということもあるのでメールの内容は比較的簡潔なものです。定例会とのセットなので、その機会に大いに盛り上がっています。

Q：読んだ内容は仕事に活かせましたか？　活かせた事例があったら教えてください。
A：一つのプロジェクトを進めるためにはじめたブッククラブでしたので、仕事に直接役立ったと思います。「英語授業の幹」では、本のなかで紹介されていた中学校入門期8時間の指導プログラムを各メンバーが学校で実施して、その結果を持ち寄りました。本で紹介された実践研究の追試をやったわけです。この結果は、県の英語教育研究大会で発表されました。

　「メンターについて学ぶ」では、読んだ内容が実際のメンタリングに活かされてきました。年に数回、「メンターの会（お互いのメンタリングを報告しあう会）」をもっていますが、そのなかで読んだ本について言及されることがよくありました。

Q：ブッククラブの存在はご存知でしたか？　また、メールによるブッククラブをすることをほかの人にすすめますか？　その理由は？

Ａ：知りませんでした。もちろん、すすめます。ただ、それなりの意欲と主体性をもっていないと続かないでしょう。読みっ放しのほうが楽だからです。それゆえ、中身の濃い、質の高いやり取りが生まれる可能性があると感じます。

　また、ペースメーカーとしての役割を果たすという側面もあります。一人で読んでいたら挫折していたかもしれない本でも、週１回はメールを出すというノルマがあることで読み進められたという意見を複数の方からいただきました。

　多忙な職場が多くなっている現在、なかなか集まって話し合う機会がもてません。メールでのブッククラブは、遠隔地にいるメンバーと一緒に本を読み、学び合うことができます。とりわけ、地理的に東西が離れている高知県のような所では有効です。

Ｑ：メールによるブッククラブをしてみたいという人たちへアドバイスをお願いします。
Ａ：まず、ブッククラブのマネジメント、ファシリテーションが不可欠です。交通整理をしたり、問い掛けをする役割を担う人のことです。次に、仲間からのフィードバックがあることが続けられる秘訣となります。そして、オンラインとオフラインをうまく組み合わせることです。また、一定の期間（例えば２年）が経ったら、進め方や目的を見直す必要があるかもしれません。期間が長くなってくると意欲も下がり、新鮮味も失われ、投稿も減ります。

Ｑ：メールによるブッククラブに参加した感想、印象をお願いします。
Ａ：意見を書くとなると、それなりに深く読み込み、整理しておく必要があります。他者の見方や考え方に触れられるというメリットもありますが、個人的には、一人で読む時とは違う読み方をするようになるという点が大きな違いだと感じています。

Q：以前は輪読会をしていたそうですが、典型的な輪読会の流れを教えてください。

A：典型的かどうかは分かりませんが、私がしていた輪読会の流れは以下のようなものです。

> ①参加メンバーのテーマにあった読む本を決めます。リーダーが決める場合がほとんどです。
>
> ②章ごとに担当者を決めます。
>
> ③担当者は、その章を読んでレジュメ（要約）を作成します。簡単なアウトラインを書いてくることが多いです。
>
> ④輪読会当日は、レジュメをもとに担当者がその章の概要を説明します。最後に、読後感などを添えることが多いです。
>
> ⑤その後、参加者全員で質疑応答や意見交換をします。

Q：輪読会とメールによるブッククラブとの違いは何ですか？

A：大きな違いを感じるのは以下の3点です。

①読むペースと量——輪読会では、1回に1〜2章、1回の集まりは2〜3時間なのですが、そのうち輪読にあてていた時間は30分ぐらいでした。月に1回勉強会（輪読会）をやったとしても、1冊読むのに1年くらいかかっていました。毎週読み進めるメールによるブッククラブとはかなり違います。ブッククラブは、1冊の本が平均2か月、長くても3か月で終わりますから。

②メンバー全員が読む——輪読会では、一応全員が読んでくる約束になっていますが、やはりメンバーは「本気」で読んできていなかったと思います。読んでこなくても、レジュメと説明で読んだことになる（？）からです。もちろん、担当者には負荷がかかりますから、深い読みになっていたと思います。

③アクション（実践）に焦点があたりやすい——ブッククラブは、実践す

るために読んでいる実感があります。あくまでも印象ですが、みなさんからのコメントを読んでいると、あくまで軸足は教室にあるという感じがします。それに対して、輪読会は読むことが主（目的）になっていたように感じます。

Q：輪読会の流れおよび特徴は、小学校から高校まで行われる国語の読解の授業に通じる部分があるような感じがしています。授業には担当者はいませんが（あえて言えば、常に教師が担当者）、毎回１ページ（場合によっては数行ずつ）進んでいくやり方です。あまりにもスピードが遅いので、生徒たちもお付き合いするのが大変です。

　参加している（授業を受けている）者にとっては、一応カバーしたという結果は残るかもしれませんが、中身が身につくとか、読んでいることを活かすとか／実践する方向には行きにくい進め方だと思います。その理由は、主体性がどこにもないので。こういう進め方ややり方を、なぜ延々と続けていると思われますか？

A：私自身の実感でもあるのですが、自分がやって来た学び方や教え方しか思いつかないのだと思います。そして、新しい方法を紹介されるだけではダメで、自分自身がやってみないと、その方法を試そうとはしません。私は、（116〜122ページで紹介されている）リーディング・ワークショップやライティング・ワークショップのオンライン・ブッククラブでやってみて分かりました。そこでのやり取りがあったから、地元でのやり方を変えてみようと思えたのです。つまり、「情報＋経験」が不可欠です。この二つがないと、新しい方法を試せないと思います。

Q：先ほどは国語の授業と比較しましたが、中学や高校の英語の授業にも通じますか？

A：難しい質問ですが、少なくとも私はそう確信しています。少なくとも、一人の代表者が読んで（予習してきて）、それを発表して、ほかの大勢が

聞いている、という形式の授業や輪読会では、本当の「読む」ことにはならないと思っています。

Q：担当者以外は本気で読んでこないということですが、その状態で、質疑応答や意見交換はどのようなものになるのでしょうか？

A：担当者になっていない時は、ざっと目を通してくる程度で、担当者の詳しい発表を聞けば、読んだことと同じ効果があるだろうと考えるわけです。ここが、ブッククラブとの最大の違いです。ブッククラブでは、自分で読まないことには発言することも意見も書けませんから。ただし、メールでのブッククラブでもほかのメンバーが書いたことに反応するだけの「返信だけ」という人も出てきます。本当に読んでいるのかどうかは、本人には確認していませんが。

　輪読会での質疑応答や意見交換については、だいたい次のように進みます。担当者がレジュメをもとに読んできた章の概略を報告し、読んだ感想や感じたことなどを述べたあとに、ほかのメンバーが自由に発言します。内容としては、次のようなものが中心だったように思います。

　　①質問、確認（本の内容についての報告者への質問）
　　②筆者への共感や反論
　　③実践に基づいた考察（書かれていることと実践の比較など）

　先に触れたように、読みの深さが担当者とほかのメンバーで異なるという点がブッククラブと比較して最も大きな違いのような気がします。

Q：ほかのメンバーが質問しない時や意見を出さない時は、リーダー／教師がしているのでしょうか？

A：これまでやって来た輪読会は、私がリーダー役であることが多かったので、メンバーから質問が出ない時は私が出すようにしていました。その

場の雰囲気を読める人がいる場合は、リーダー役以外からも出ていました。

Q：ブッククラブと輪読会における教師というかリーダーの役割の違いについて、気づいた点があればお願いします。
A：議論が様々な方向に行くことが多いので、軌道修正をするのが重要な役割だったと思います。特に、実践に基づいた意見（反論）を言いはじめると、そちらがメインになってしまいがちです。本を読んでいたのか、実践に基づいた意見を出しあっているのか分からなくなってしまいます。これは、ブッククラブでも輪読会でも同じかもしれません。そう考えると、ファシリテーションが重要であるという点ではあまり違いがないのかもしれません。

Q：輪読会は、担当者にとっては報告することが一義的な目的であり、ほかのメンバーにとっては担当者／報告者の読みをチェックすることが目的というか役割という印象をもちました。アクションに移すためという目的は、最初から飛んでなくなっているように思うのです。輪読会は、教師にとっては授業をした、学生にとっては単位を取ったという実績を残すことが目的の進め方とさえ言えてしまえるような気がするのですが、どうでしょうか？
A：どのような目的で輪読をするか、集まっているメンバーの動機（志）の強さ、適切なファシリテーションがあるか、の３点によって変わるように思います。要は、強制的に参加させられている場合、あるいは学生が単位取得を目的にやらされる場合などは、輪読をやったという実績を残すことが主になると思います。

　しかし、目的が明確で（例えば、本や冊子をつくる）、自主的に集まってきたメンバーであれば、輪読という方法でも意味のある読みはできたと思います。そして、やはり活動をファシリテートすることが重要だと思います。例えば、私が意識していたのは次のようなことです。

①「輪読をしている目的」を折に触れてリマインドする（思い出して
　もらう）。
②あとのアクションにつながるであろう内容に焦点をあて、深めるよ
　うに仕向ける。
③担当者の読みや報告の意義を認める。
④具体的な事例を関連づけて、考えるように仕向ける。
⑤全員が発言し、議論に貢献できるように気を配る。

Q：ブッククラブにふんだんにある「いいモデル」が、輪読会にはどれだ
けあるでしょうか？　ブッククラブでは、各自が印象、感想、考えたこと
などを言いたい／書きたい形でまずは表明しますから、いいモデル（と同
時に、悪いモデル）もふんだんに提示されます。参加者は、それらのなか
から自分に役立つものや参考になるものを選択する幅が広いと思います。
それに対して輪読会は、一人の担当者しか報告しないということではモデ
ルが少ないように思いますが？
A：担当者が一人で、モデルが少ないというのは、その通りだと思います。
もちろん、報告のあとにメンバーもそれぞれ意見は表明しますが、その日
は当然担当者が中心になっています。
　結局のところ、ファシリテーションの質次第ということでしょうか。よ
いファシリテーションがあれば、ブッククラブでも輪読会でも意義も効果
もあります。しかし、それがなければ、輪読会は形式だけの報告会に陥っ
てしまう危険性がより高いと言えます。

Q：私はブッククラブのほうが、ファシリテーションの質よりもはるかに
各参加メンバーの質というか、書いた内容とやり取りの内容が大きいウェ
イトを占めていると思います。もっと言えば、ブッククラブはファシリテ
ーションを必要としない進め方であるのに対して、輪読会はリーダーを必
要として続ける進め方というふうに捉えているのですが、いかがですか？

教師たちの和気あいあいの話し合い

A：相対的に見れば、きっとそうだと思います。輪読会には、何らかのファシリテーションが必須だと感じます。ただし、ブッククラブでもあるほうがよいと思います。

Q：輪読会を通じて楽しいと思われたことはありますか？　楽しさの量も違うと思いますし、楽しさの質もブッククラブとは違う気がしますが、いかがですか？
A：これも同じ答えになってしまいますが、それなりの問題意識と意欲をもって集まったメンバーであれば、楽しさや充実感はどちらの方法でも得られると思います。実際、10年くらい前にやったプロジェクトの解散式の時、「もうやめるのですか？　もっと続けましょう」といったメンバーが複数いました。これは、読み方の問題というよりも「仲間とともに学び合

う喜び」があったということではないかと思います。

　一人で読むよりも、一人で学ぶよりも、楽しく手応えもある。そういう
リアクションがあるので、長年、地元の仲間たちと勉強会が続いているの
だろうと思います。そして、そのような喜びは、輪読会形式でやるよりも
ブッククラブのほうが得やすい、そう感じるので輪読会をやらなくなった
のだと思います。

**Q：以前メールで、「ブッククラブの輪が少しずつ広がっている」と書い
てあったことを覚えているのですが、参加者の先生たちも好意的に捉えて
いるのでしょうか？**
A：実は、オンラインのブッククラブ（メールによるブッククラブ）に参
加している中・高の先生たちにアンケートをとってみましたが、とても好
評でした。そのなかで愛媛県から参加してくれている人がいるのですが、
彼女は校内で同じことをやってみたいということで計画して、案内文を送
ってくれました。

　もう一つ、高知で「サザンプロジェクト」という名称で英語のプレゼン
テーションに取り組んでいる高校があり、大学との連携による新しい授業
づくりに挑戦しています。そのメンバーにオンラインのブッククラブのこ
とを話したら、「ぜひやってみたい」ということになりました。

　以前、吉田さんから紹介していただいた "Well Spoken"（Erik Polmer,
Stenhonse, 2011）を半年くらいかけて一緒に読みました。本の内容を今実
践に取り入れはじめています。2冊目の本に挑戦したいという声があり、
その準備をしています。

　ゆっくりではありますが、オンラインのブッククラブの意識が少しずつ
理解されはじめているように感じています。

5 職場でのブッククラブ──S社で取り組んだ事例（約半年間、16→43人）

Q：職場でブッククラブをはじめたきっかけは？
A：社長が、会社を「学習する組織にしたい」と言ったのがきっかけです。その一つの方法として、吉田さん（本書の著者）からの提案があったオンライン形式のブッククラブをはじめました。個人的には、会社の同僚たちと、本を介して情報交換を積極的に行うように努めていました。

Q：具体的にどのように展開したのか教えてください。
A：会社にはブッククラブという文化がなかったので、コアメンバーで体験会を行うことからスタートしました。実際に集まって話し合う時間をとることが難しかったので、Web（ウェブ）を使っての、オンラインでのブッククラブを開催しました。

　しかし、文化的な意味だけでなく、参加者にとって本を介して出会うという体験自体がなかったので難儀しました。オンライン形式でしたので、シェア（情報の交換）はメールになりますが、本は読めどシェアがなし、という時間が続きました。3冊目くらいになって、自分自身が読み得たものを言葉にしてシェアしていくということに慣れてきたのか、やり取りがはじまるようになりました。

　そのための仕掛けとして、いくつかの役割をクラブメンバー内で設けました。一つは、ブッククラブを進行する「進行役」です。進行役は、スケジュール管理とともに全体の進行およびクラブメンバーのシェアへの積極的なフィードバックを行いました。二つ目は、同時開催しているブッククラブを見聞して情報交換を活発なものにする「見聞役」です。三つ目は、会社の仕事で行うということもありましたので、クラブの運営状況を見守る「見守役」を設けました。この見守役は、会社の取締役の方々にお願いしました。

そのほかには、「問者役」という役を設けたクラブもありました。クラブ内に「問い」を投げ掛ける役割です。また、同時進行でいくつものクラブが立ち上げましたので、「進行役ひろば」というシェアメールを立ち上げました。そして、それぞれのクラブの状況を把握できる場を Web 上につくりました。

Q：かなり大掛かりに進めたのですね。その内容と、参加した人数などを教えてください。
A：第1ステージでは、中心的に活躍してくれるメンバーに参加してもらい、グループを三つに分けました。第2ステージは、第1ステージ終了から時間を開けずにスタートを切り、短い時間で終了することを意識しました。その理由は、第1ステージでブッククラブの参加の仕方に慣れ、実際にやってみるというステージをイメージしました。ちなみに、グループ数は二つにしました。

第3ステージは、異なるレベルで七つのグループに分けました。これは、今後のことを考えて、方法としてのブッククラブの存在を社内に広めることと、ブッククラブを通しての部署内および部署間のコミュニケーションの活性化を狙いとしました。

人数ですが、第1ステージと第2ステージは16人です。第3ステージは、一気に43人にまで増やしました。

Q：チームの結成などで特に苦労したことは何ですか？
A：大きく分けて以下の四つです。

　①役職や職歴、経験年数や知識量などの情報バランスを意識しました。
　②ブッククラブが機能しなくても、この試みをしたことが次の仕事やプロジェクトに活きるようにメンバーを組むように意識しました。
　③参加したメンバーの間に、なにがしかのエンパワーが起こるように

しました。

④メンバーの発言（書き込み）に安全性が保てることを意識しました。

別の表現の仕方をすると、マズローの５段階欲求説[4]を参考にしました。「学習する組織」とは、自己実現の欲求を超えて個々人が活躍できる組織ですから、そこまでの欲求を満たすことができるように意識しました。

Q：実際、参加者がエンパワーしたようなことは起こりましたか？

A：ある部署で、読んだこととの関連でミーティングをもったのですが、そこでは、面と向かっては話せなかったようなこと（メールでのやり取りでもほとんど出なかったこと）がかなり本音で語り合われ、また書き出されました。この状況は、現在、他の部署やプロジェクトに伝播しています。

Q：どんな本を読みましたか？　また、本の選び方は？

A：吉田さんが書いたり訳された『「学び」で組織は成長する』、『効果10倍の＜学び＞の技法』、『ライティング・ワークショップ』、『「考える力」はこうしてつける』や、ピーター・センゲの『学習する組織』、それに社内コンセプト系の文章です。

参加者にとって、書かれている情報が仕事に直結する内容を選びました。基本的には読む本を決めて、決めた本を読むことで学びと社内コミュニケーションがさらに深まるであろうものを選びました。参加者が独自に選んで読むというところを目指して、第一段階目の取り組みとして位置づけました。

....

★4★アメリカの心理学者であるアブラハム・マズロー（Abraham Maslow）が提唱した説で、①生理的欲求＝眠い・腹減った、②安全の欲求＝怖いのイヤ、③所属の欲求＝仲間が欲しい、④承認（尊敬）欲求＝尊敬されたい・愛されたい、⑤自己実現の欲求＝より良い自分になりたいの五段階で提示されたことから、その名称が一般的につけられている。最初のほうほど必要不可欠な欲求で、最後のほうほど「人間らしい」高いレベルの欲求と位置づけられている。

Q：実際に行われたブッククラブの特徴をまとめると？

A：三つの症状が出ていたような気がします。①忙しいから読めない、②読んではいるが、上司の目が気になって発信ができない、③上司が読めと言っているから、読む気はあるし、試みとして意味はあると思うが、それよりも先にやらなけらばならない仕事が山積みである、です。結論として言えば、「とりあえず、かかわっておきます」というものでした。

Q：読んだ内容は仕事に活かせましたか？　活かせた事例があったら教えてください。

A：ブッククラブを仕掛けたことで、ともに仕掛けた仲間とのコミュニケーションは活発になりました。そのおかけで、ブッククラブとは別のところでの仕事へのかかわりがスムーズになったりもしました。と同時に、その仕事で必要な情報を学ぶ時にブッククラブの方法が自然と活かされるようになりました。

Q：ブッククラブを成功させるポイントは何だと思いますか？

A：今は、以下の４点ではないかと思っています。

　　①参加者の主体性、問題意識があること。
　　②読んでの情報を積極的にシェアすること。
　　③他者からのシェアをリスペクトすること。
　　④互いのシェアへのフィードバックの充実。

Q：これからブッククラブに再び取り組むなら、やり方をどのように変えますか？

A：まず何よりも、参加者の主体性を大事にしたいと思います。つまり、自ら選択して参加することを原則にしたいと思います。言われたから参加している限りは、なかなか主体的にはなれませんから。

次に、フィードバックの価値について考える時間をもてるようにしたい
と思います。書いたら書きっ放し、読んだら読みっ放しという感じや、フ
ィードバックを攻撃や評価と捉えてしまう傾向があったためです。
　最後に、実際に会って話すオフ会と日常業務をパラレルで仕掛けられる
ようにしたいです。

**Q：今回、会社で取り組む前にブッククラブの存在はご存知でしたか？
また、以前に経験したことは？**
A：大学での授業やゼミ、サークルで行っていました。

**Q：社内でブッククラブをすることをほかの人にすすめますか？　また、
その理由は？**
A：すすめます。コミュニケーションが一段と深まります。思考のライン
で他者と出会うことができるので、他者への理解が進みます。また、自分
自身をメタ認知する力が養われます。つまり、内省力が深まるのです。

**Q：社内でブッククラブをしてみたいという人へアドバイスをお願いしま
す。**
A：初めは、短く期間を区切ってやることをおすすめします。期間だけで
なく、文章の量も少なめからはじめるほうがよいと思います。極端に言え
ば、雑誌の一つの記事くらいからスタートしてもいいと思います。そして、
メール上でやる場合は必ずオフ会を催すことです。また、幹事役は交代で
やるのがよいでしょう。

**Q：最後に、社内でのブッククラブを試してみた感想、印象、ほかにブッ
ククラブについて言っておきたいことをお願いします。**
A：「読む」ということ、「書く」ということをいかに学んでいないかとい
うことに気づかされました。読み書きが、自分自身の体験や主体性と結び

付いていないのです。結び付けることが間違いの一歩のように思っている節さえあります。それは、常にお題は「先生」と呼ばれる人からやって来るという学校教育の弊害かもしれません。テストがないのに、テストがあるかのように思って読むのはなぜでしょうか？　それも、従来の学校のテストのようなものを想定しているのです。面白いくらいに、それが滑稽でした。

　この時に参加したメンバーから感想をもらっているので、以下に紹介させていただきます。

参加者Ａの声：あるコメントに対してレスポンスし、さらにそれにコメントが入り……ということまでは、今回はできませんでした。その点は、せっかくのブッククラブを発展させることができず、残念に思っています。また、今回はメールでのブッククラブでしたが、本当は顔を突きあわせて話ができればよいと思っています。

　私の場合は、このクラブで得たことを日々のどの場面や部分で活かそうかとワクワクしました。他者のコメントを見て、素直に「そうだな」と思う経験もしました。繰り返しますが、いい意味で「コメントの応酬」がかなえば、もっと自分を発見できたのではないかと思っています。

参加者Ｂの声：メールで発信しあうという方法を前提とするなら、「本のなかの好きなフレーズや言葉を出しあう」ということを加えてもよいかと思います。

　「本を読んで疑問をもつ」こと＝批判的、批評的に読むことが苦手な人が多いと思います。特に弊社では、「批判、批評」をする人は「悪い人」という扱いになる傾向があります。言い換えると、「悪い人になりたくない」→「批判、批評」をしない→本を読んでも疑問をもたない、ということになるのだと私は思います。

　社内でブッククラブをする人へのアドバイスとしては、まずは小さく行

第1章　大人対象のブッククラブ　139

う、志が同じ人と行う、仲良しグループで行う、読む本は薄いもので期間は短く、本を読み終わったら仕事にすぐに活かしてみる、成果が上がったところで次の段階へ、といったところです。

参加者Ｃの声：メンバーの選択においては、業務として行うか、個人として行うかを最初にリサーチして、業務として行うメンバーだけのチームと個人として行うチームに分けるのがいいと思います。業務で行うと言った人々のコメント返信はスケジュールを厳守し、個人で行うという人々はスケジュールの縛りを緩くして、内容の深まりを求めるように進めます。

　メールでのコメントを増やすことができるように、実際の声かけとメールでのコメントの両方を活用するといいでしょう。メールでのコメントが充実することを前提として、オフ会を通した実際のコミュニケーションの機会を増やすことも考えてください。

　いずれにしても、ともに学びの場を共有する人たちが、どのように場を形成していくのかということへの意識が必要な気がします。

参加者Ｄの声：ブッククラブを会社で取り組んでみたいという人へのアドバイスですが、まずは気になった言葉や「なるほど！」と思った内容を気軽にコメントしてみるといいでしょう。一言でもいいと思います。そこから一歩深めて、「なぜ気になったのか」、「どうしてなるほどと思ったのか」を考え、言葉にするとより理解が深まるでしょう。そして、コメントを読んだ人もその「なぜ」に反応することで、さらに新たな言葉が生まれるでしょう。

　コメントをし続けるということは大変ですが、コメントを通して日々の自分を振り返るチャンスになります。ひょっとしたら、明日の活力を自分で生み出すチャンスなのかもしれません。

第2章

学校でのブッククラブ

1 小学校高学年以上のブッククラブ

Q：ブッククラブを授業でやってみようと思った背景や理由を教えてください。

A：最初は、友人が実践していたリテラチャー（文学）サークルに興味をもち、「これだ！」と思ってやりはじめました。この段階ではまだ、一人ひとりに読みの役割が決まっている文学サークルというものでしたが、一人読みで、読書ノートにある程度いろんな読み方ができるようになったことを見とって、『リーディング・ワークショップ』（ルーシー・カルキンズ著）で紹介されているブッククラブへと移行しました。

　なぜブッククラブに移行しようと思ったかというと、これが「自然」だと思ったからです。役割が決まっていること自体自然ではないし、読んでいる時に自分の役割を気にしながら読むのって、なんだか変ではないかと思います。

　ブッククラブの予読では、読んでいる時の自分の気持ちに正直に読み深めることができます。つまり、本全体を受け止めている感じです。極端な例ですが、旧態依然とした国語の授業では、先生の質問（発問）にしか反応することが許されず、それ以外に子どもたちが感じとったことはまったく問題にされません。先生の質問が素晴らしいものであればまだましですが、たいていは指導書に記載されたつまらない質問ばかりです。しかも、

その質問には「模範解答」がついています。

　本全体をしっかりと自分のアンテナで受け取り、個々人が違ったアンテナで受け取ったものを交流しあう……自分の読みの「深まり」と、さらにメンバーによって「広がり」が確実に期待できるブッククラブをやってみようと思ったのが理由です。自分自身がそうやって本を読んでいたし（世の中の大人はたぶんすべて？）、国語の授業のような読み方をしていなかったからです。

Q：これまでの国語の読解授業、読み聞かせ、朝の読書、図書の時間、アニマシオン[★2]、そして文学サークルとブッククラブの違いを教えてください。
A：一つ目に関しては、先ほど述べたように「自然」だということです。私たちが普通に本を読んでいる時にしていることです。読んでいる時に、気になったところを振り返ってノートに記録して、それを同じ本を読んでいる人に話したくなって、おしゃべりをする……という。

　読む力は、決して一人では伸長しないし、私たちは決して一人で読めるようになったわけではありません。本を読むことを「一人の活動」と捉えている図書の時間や朝読書とはまったく違います。いや、この二つは「一人の活動」とも捉えていないですね。ただ、放任しているだけです。

　反対に、国語の読みの授業やアニマシオン、そして文学サークルは、教師の介入が多すぎます。とても「指示的」です。やらされ感が強い読み方をさせれば、読む力や自立した読み手が育まれるわけがありません。もし仮に、先生の意に沿った読みができてもです。

　アニマシオンは、一つ一つの活動が「作戦」ないし「ゲーム」と呼ばれているだけあって、とても構成的なアクティビティーです。しかし、活動

★1★文学サークルの役割は、60ページを参照。
★2★「読書へのアニマシオン」とは、スペインのモンセラット・サルト（Montserrat Sarto）らが開発した「楽しく遊びながら子どもたちを本の世界に招き入れるメソッド」のこと。1974年、ヨーロッパ各国の児童文学関係者、専門家の会議場で子どもの読書離れが話題となり、サルト氏らが20年にわたる試行錯誤を経て開発した75の方法がある。

の終了時に「あー、楽しかった！（ゲームが）」となり、「あー、楽しかった！（本が）」にならないところが致命的な欠点です。

　でも、本を読まないとゲームに参加できないので、本を読むようにはなります。これだけ見てもかなり強制的・指示的です。アニマシオンが終わった時はその本に興味をもつかもしれませんが、自分から本を読むようにはならないと思います。

　文学サークルについては先に述べた通りです。そして、国語の授業に至っては子どもの自由度は皆無です。学校を卒業して、国語の読解の授業で教わったような読み方している人は世の中にいません。

　読み聞かせ（うちの学校で実施しているもの、地域の読み聞かせサークルがやっているもの、朝の読み聞かせや司書教諭などの読み聞かせなどのこと。全国的に、このような取り組みがほとんどだと思います）も、リーディング・ワークショップ（以下、RW）などの読みの指導のなかでしっかりと位置づけ、やり方を吟味しないといけません。[★3]ボランティアのおばさんたちがやっている読み聞かせは、満足しているのは読んでいるおばさんたちだけ、という残念な結果になっています。

　そこで、ブッククラブです。放任でもなく指示的でもなく、RW のなかでフレーム（枠組み）がしっかりとしていて、子どもたちは自由に読み、書き、しゃべり、話し合い、聞き合い、振り返り、そしてまた読み……と、サイクルを積み重ねていると思います。つまり、無理がないのです。

　短い時間で教師が教えるミニ・レッスンで、読み方の大事なところや、話し合い方の大事なところが教えられながら着実に前に進んでいる感じです。いや、ミニ・レッスンというより、子どもたち自身がおしゃべりしている時が一番学んでいるのかもしれません。

　自分にあったレベルの本を選択して読んでいるし、気のあう仲間と自由に思ったこと（文学サークルやアニマシオンにはこれがない）をおしゃべりできる、要するにストレスがないのです。

　それに比べて、国語の授業はストレスだらけです。また、朝読書やおば

第2章　学校でのブッククラブ　143

さんによる読み聞かせは、ストレスはゼロだけど成果もゼロです。「自然」な読み方をしていることがブッククラブの一つ目の特徴と言えます。

　二つ目は、子どもの側からすると、先生からもメンバーからも任せられている、信頼されている、認められているという感じがすることだと思います。ブッククラブの話し合いのなかでの自己肯定感の高まりは、国語の授業で先生の発問に、先生の考える「正解」を答えた時のような歪んだ優越感とは正反対のものです。そんな授業やっているから、読む力どころか、人間関係までが優越感と卑屈感の二極化されてしまうのです。

　ブッククラブでは、まずそういうことは起きないでしょう。その人の感じたこと、思ったことが肯定的に受け入れられ、ましてやABCの評定をつける人は誰もいません。『作家の時間』（プロジェクト・ワークショップ編）で私も書きましたが、RWでも良好な人間関係が育まれることが、二次的産物として子どもたちのなかに生み出されます。これらは、ブッククラブ以外のものではまず起こり得ないことなのです。

　三つ目は、読む力が確実につくということです。先にも述べましたが、朝読書、図書の時間、おばさんによる読み聞かせはあまりにも無策です。何のためにやっているのかまったく意味が分かりませんし、時間の無駄としか言いようがありません。朝読書の効果として、実施校の報告書の筆頭に載っていることは「子どもたちが落ち着いた」です。「なんじゃそりゃー！」って感じですが、世の中の先生たちは朝読書を「鎮静剤」としか思っていないということです。

　図書の時間は一人で静かに読むことを強要され、おばさんによる読み聞かせは一人静かに聞くことが強要されています。それらは両方とも、「静

────────────────────

★3★例えば、「以前の私は、子どもたちが分かりそうな本を上手に読み聞かせさえすれば理解されるものだと思っていました。しかし、それは事実とはかけ離れたものであり、教師の希望的観測にすぎないということが分かりました。読み聞かせの途中、子どもたちが話したいことがたくさんあるだろうと思ったところで中断しても、何も話すことのない子どもたちがいることに気付いたのです」（『リーディング・ワークショップ』ルーシー・カルキンズ著、144ページ）ということをしっかり踏まえることを意味している。

か」であれば最良という評価を受けます。すなわち、「子どもたちが静かに本を読んでいてすごいですね」とか「静かに読み聞かせを聞けて、すごい子どもたちですね」という評価です。

　本を読むことを通して、どういう子どもたちに育ってほしいのか、その終着点があまりにもRWの実践者とはかけ離れていて、笑ってしまうしかありません。

　アニマシオンは読む力というよりは「意欲づけ」に焦点があたっているように思います。もともと、本にまったく無縁の子どもたちを何とかしようとして考えられたものなので、子どもたちに対して本に興味をもってもらうようにという仕掛け（作戦）があると思います。それが理由でしょうか、自分自身も5回連続の講座で体験しましたが、「読む力」がついたという感じはしませんでした。

　最後に、文学サークルはブッククラブをするための準備段階で行うものという感じです。以上が、とりあえず今の段階で考えられることです。

Q：授業として行うブッククラブの特徴をまとめるとどうなりますか？
A：以下の四点にまとめられると思います。

①学校という「学びの場」で行えるということ。そこでは、日常的によき学び手を育てるための場（そうじゃない所も多いけど）があるということです。そして、自分たちが成長することを願っている関係者に囲まれています。

②自分たちの成長を見守る先生がいるということです。時に、読みのモデルとなり、時にアドバイザーとなり、時にちゃんと教えてくれる存在が近くにいます。

③それなりに本を読む環境が整っていること。図書室があり、時に学級文庫があり、それなりに本が用意されているということです。図書室には司書がほとんどの学校で配置されており（いくつかの学校

を巡回している場合もある）、いろいろな相談に乗ってくれます。そして、予算も市から配分されているため、先生たちが自由に購入する本を選べます。

④図書室の運営は、図書担当の先生と図書委員会で行っていることです。これは、かなり自由裁量でいろんなことができるということです（みんなよく知らない分野だから）。図書委員会の児童で主体的な活動が結構できます。

これだけ、学校という所は環境と人材が揃っているわけですが、国語の授業というものにはまったく活かされていませんし、さらには、図書室を中心にした読書教育（なぜか、国語と切り離されているのが不思議！）も残念な結果に終わっているとしか言いようがありません。

読書教育というものは、私が教師になった20年前とまったくやっていることは変わらず（唯一、朝読書が入ってきた）、もしかしたら、私が子どもの頃からまったく変わっていないのかもしれません。子どもに本を与えていれば、運よく何人かの子どもは本好きになるだろう……くらいのレベルとしか言えず、無策です。

さて、ブッククラブですが、その構造自体がとても自然で、人が普通に本を読んで、その後普通に誰かとおしゃべりして、そのプロセスを振り返って、また次の本を読みたくなるところから、子どもたちにとってはハードルが低いです。というか、ほとんどの子どもが大歓迎しています。逆に、先生たちにとってはハードルが高いかもしれません。

本を読まないと話し合いに参加できないし、本を読んでこないとメンバーに迷惑がかかるということ、そして学校という「学びの場」が強制力となります。また、先生の存在も強制力となるでしょう。しかし、子どもたちはこれを強制力とは捉えていないのです。

逆に、これらのことが「安心」を生み出しているとも言えます。つまり、この場では本を好きなだけ読んでいいんだ、本を読んでおしゃべりをして

もいいんだ、学校はこういう所なんだ、先生はそれをちゃんと見守ってくれているんだ、友達は私の話を熱心に聞いてくれるんだ、ということです。

授業で行うブッククラブは、ある種の強制力が「安心感」を生み、その安心感から「自己肯定感」→「向上心」という感じで自立した読み手に成長していくのだと思います。これまで先生たちが「この子は自立した読み手になっている」と判断してきた子どもたちはどうでしょう。そのような子どもたちは、休み時間に一人図書室にこもってもくもくと本を読んでいる子ども、友達の輪に入らず、本の虫になっている子どもたちであったように思われます。

先生たちはこれらの子どもたちを、「自立した読み手」→「ほっときゃ自分で本を読む子」→「ちょっと変な子、暗い子」と判断してきたように思います。しかし、ブッククラブを授業で取り組めば、みんなで一緒に楽しく自立した読み手になれるのです。

Q：先ほど「先生たちにとってはハードルが高いかもしれません」と言われましたが、具体的にはどういうことですか？
A：先生たち自身が、このような教育を受けてきていないからです。自分たちが受けてきた教育以上のことを学ぶ姿勢がない（または、学ぶ時間がない／管理職や指導教官に学ぶなと言われる）先生たちにはかなりハードルが高いものとなります。特に、若い先生たちがそうかもしれません。

一方、ベテランの先生たちも、何十年にもわたって変化のない環境にどっぷりと浸かってきたわけですから、そこから抜け出すのは難しいでしょう。それゆえ、子どもたちの学びやすさより先生の教えやすさを選んでしまうのです。でも、実際は「教える」ってことはしてないんですけどね。

Q：これまでに実施したブッククラブの進め方（最初から最後まで）をできるだけ具体的に教えてください。
A：数々実施してきましたが、大きく分けて次の四つに分けられます。

①**教科書を使い、既存の教材で、全員で読み、語り合うブッククラブ**
——この場合は、どうしようもなく残念な結果に終わります。教材
は、「ごんぎつね」、「新しいともだち」、「カレーライス」、「大造じ
いさんとガン」などですが、文量的に子どもたちの読みに耐えられ
ませんでした。内容的に予想通りにストーリーが展開しすぎて、対
立も違った見解も出てこないのです。

あまりにも短い文なのでダイナミックに読めず、重箱の隅をつつ
くような読みしかできませんでした。というか、そういう授業しか
受けてないので、教科書を使う限りそのフレームから子どもたちも
先生も逃れられません。つまり、教科書を使っている限りそれは授
業であり、既存の読解授業なるものから飛び出すことができないの
です。

②**全員が同じ本を読んで語り合うブッククラブ**——様々な読みの方法
をレクチャーする時に有効な展開例です。私は、『ライオンと魔女』
でやりました。ブッククラブを含めて RW に熱心に取り組んでい
る友人は、『ライオンと魔女』、『テラビシアにかける橋』、『流れ星
にお願い』を使って様々な読み方を教えることを得意としています。
次年度は、『時をさまようタック』を全員で読むと言っていました。

また、私の前任校で同僚だった先生は、6年生の終わりに『ギヴ
ァー』を全員で読んでブッククラブをやっていました。『ギヴァー』
は、そのストーリー展開、背景、登場人物の設定など、すべての面
でうならざるをえない本で、ぐいぐいと引き込まれてしまいます。
途中、「えっ！？」っと思うことが何度あったことか……それほど、
読む者の心を最後まで捉えて離さない本と言えます。そして、読み
終わったあとに（当然読みながらも）、実に様々なことを考えさせ
られる本でもありました。本当の幸せって何？　夢、仕事、家族、
命、価値観、生き方……本当にいろんなことです。

しかし、この場合、自分で選書できないという点で制約がありま

す。全員が同じ読みのレベルではないのに同じ本を読まされてしまいます。レクチャー的な要素が大きかったので、読み方について全員で統一したり、読む役割を固定してやることが多かったです。

③先生が選書した数冊の本から各自が選んで読み語り合う活動——あらかじめ先生が選書した数冊のなかから自分にあった本を選び、同じ本を選んだ人とチームになります。これまでやったブッククラブはこのパターンが一番多く、流れがスムーズです。このために使った本は多数あります（150ページに記した選書法と、165ページの実際に使った「テーマ別の本」のリストを参照）。

④先にブッククラブというチームをつくり、常時本について語り合うチームがあり、そのチームで自分たちの読みのレベルを考えて選書して読み語り合う活動——２年間受け持った子どもたちの最後の学期に、この形態のブッククラブを行いました。チームをつくる段階、選書する段階で子どもだけに任せてしまうとなかなかうまくいきません。自分たちではつくれないという訴えがあって、チームは私がつくりました。選書も十分に時間をかけてカンファランスしましたが、最終決定の時に出張があってクラスを空けたため、残念な選書になったチームもありました。

　また、本屋や図書館に直接行って本を決めたチームにはカンファランスすることができませんでした。それが理由で、しっかりと先生とチームで話し合うことが必要だと思いました。しかし、この活動は完全に子どもたちに任されており、しかも常時活動をしているクラブなので話はとても進みやすかったです。

　このブッククラブは、「いつやるか」ということも子どもたちに任せました。すなわち、時間割も子どもたちが決めています。ブロックアワーというオランダのイエナプランの実践を行い、３週間分の時間割を（固定時間割の専科の時間を除いた部分）子どもたち自身の手でつくりました（当然ながら、計画の段階で先生とカンファ

ランスします)。ですから、全チームが一斉にやることはありませんでした。とはいえ、これが一番自然に近い形で、『リーディング・ワークショップ』のなかで紹介されている長期のブッククラブと言えるものです。

　以上、四つの形があるかと思いますが、①から④までを見てみると、子どもに選択がどれだけ許されているかという要素（**表11**を参照）で形が決まると思います。

　これらの要素で四つの形態を見てみると、以下のようになります。

　①には、子どもに何も選択肢がありません。

　②は、（イ）、（オ）、（キ）程度しかありません。あまり読みには関係のないことです。

　③には、ちょっと限定はされますが、（ア）があります。そして、（イ）、（ウ）、（オ）、（カ）、（キ）、（ク）と、かなり自由度が高くなります。普通にやるには、これが一番おすすめです。

　④にはすべてが含まれています。先生はカンファランスに入りますが、基本的にすべてを子どもたちが決定して行います。『リーディング・ワークショップ』には「半年ぐらいで始めましょう」と書いてあります。無理

表11　子どもたちの選択肢

（ア）　どの本を読むか	（オ）　どこで話し合うか
（イ）　誰とチームを組むか	（カ）　どのように話し合うか
（ウ）　どこまで読むか	（キ）　どこで振り返るか
（エ）　どのくらいの日数で読むか	（ク）　どのように振り返るか

....

★4★イエナプランとは、ドイツのイエナ大学の教育学教授だったペーター・ペーターゼン（Peter Petersen, 1884～1952）が1924年に同大学の実験校で創始した教育。日本に紹介されているのは、それがオランダで応用発展した方法で、リビングルームとしての教室、マルチエイジの根幹グループ、科目によらない時間割などの特徴がある。

だとは思いますが、国語の授業時間が週5時間なら十分可能だし、かなり面白い展開になると思います。

Q：子どもたちの話し合いの中身を深めるコツはありますか？

A：話し合いを深めるコツに関しては、二つの観点から見ていかなければならないと思います。一つはコンテンツ（内容）の部分で、もう一つはやり方（方法）の部分です。

　まずはコンテンツの部分ですが、これはもう簡単で、選書に尽きます。いかに子どもたちの話し合いに耐えられる本を提供するかにかかっています。この点で失敗すると、その後のブッククラブはまったく時間の無駄になってしまいます。子どもたちの読みのレベル（量、質、時間の使い方など）と読みの嗜好（ジャンルなど）をしっかりと見取ることだと思います。

　と同時に、本の中身も非常に重要です。本のなかに、子どもたちの価値観をひっくり返したり、考えさせたり、深めたりするようなものがあることが必要です。子どもの状況と本の内容という組み合わせが、ブッククラブの話し合いの質を決める重要な要素になると思います。もちろん、失敗した本もあります。まさに、教師もトライ＆エラーで学んでいます。

　次にやり方の部分ですが、これについては、ミニ・レッスン、カンファランス、フレームづくりの三つの観点から説明します。

①ミニ・レッスン——リーディング・ワークショップ（以下、RW）は、先生の発問と子どもの回答だけに終始する既存の国語の授業と違って、「読むこと」と同時に「書くこと」と「話すこと・聞くこと」がとても大切にされています。というか、国語の授業をこれらの「領域」に分けて教える必要があるのか甚だ疑問なのです。違う活動であることは分かるのですが、読みの単元、書きの単元、話すことの単元と分ける必要はないと思います。

　RWでは、この三つの領域は統合的・横断的に活動のなかに組み込まれており、それぞれが影響しあって伸びていく力を養っています。

　ブッククラブは、RWのなかにあってまさにこの三つの領域を見事なま

でに統合・横断する活動であって、どれ一つを欠いてもうまくいきません。ですから、話し合うことを教えることもとても大切となり、それを踏まえて行うのがミニ・レッスンなのです。

　ただ単に「話し合ってください」という一言で話し合いが深まることは当然のことながらありえないわけですから、このミニ・レッスンで先生から教えることもあれば、子どもたち同士で「話し合うことについて話し合う」ことも行います。各回のブッククラブで、本の内容について振り返ることと同時に、話し合い方についても振り返ります[5]。それが、次の時間のミニ・レッスンに非常に重要な「ネタ」になります。

　先生が教える話し合い方のミニ・レッスンは、従来の国語の授業のなかの「話し合い活動」の教授みたいなもので、あんまり実りはないと思いますが、子どもの振り返り（要するに、体験したことのなかからの気づき）をミニ・レッスンに使うということが「コツ」ということになります。

　また、「ワークショップ」と呼ばれる由縁もここにあるかと思います。実際の体験（成功も失敗も）のなかで気づいたことは、子どもたちにとってみると、人から言われたことよりはるかに納得できるものであることは確かです。先生は、これらを上手にまとめていくだけでいいのです。

　次ページに掲載した写真は、子どもたちから出てきた「話し合う方法」です。これは、2回目のブッククラブがはじまる前に行ったミニ・レッスンです。これがその後、自分たちの規範となっていきます。それ以外にも、子どもたちから出た「話し合うこと」に対する気づきは、ミニ・レッスンや共有の時間に可視化したり、可聴化したりしていきます。これがコツなのです。

....

★5★「各回のブッククラブで、本の内容について振り返ることと同時に、話し合い方についても振り返ります」とあるが、「すべて読書家ノートに書いてもらっています。ワークシートをつくったことは一度もありません」とのこと。次ページの写真のように、ミニ・レッスンをして書き出した「価値ある話をする」要素を画用紙に貼り出しておいたり、153ページの写真のような振り返りをすればそれで十分と言える。もちろん、たまにはマンネリ化を避けるために、そしてこれまでとは違う項目を盛り込んだ「振り返りシート」を使うことで、新たな内容や方法の可能性に気づく刺激を与えることもできる。ほかの項目については230ページに掲載した表15を参照。

パート *2* 具体的なブッククラブの紹介

話し合う方法

<話し合いの方法>
・話している人の目を見る
・話をきらさない
・相手の意見を受け入れる
・全員が納得できるようにする
・班の中で聞こえる声で話す
・相手の話を最後まで聞く
・確認をとる

・人の話に反応する
・関係のないことを話さない
・参加する
・少数意見を大切にする
・ふんいきをよくする
・人の意見にもんくを言わない
・だれかが話しているときにじゃましない
・〃　〃　〃　遊ばない

・人の意見を否認（ひにん）しない
・ひとつの意見を徹底的に深く話し合う
・自分の意見をゆう先しない
・積極的に意見を言う
・自分だけで進めない
・メモする。記録する
・時間の管理をする。

価値ある話をする

　内容的な深まりを図るために、ミニ・レッスンで行うことは山ほどあります。上記は「話し合い方」のミニ・レッスンでしたが、「深まる話し合いをするには？」というようなミニ・レッスンをすればいいのです。それも、子どもたちの振り返りからピックアップしたり、子どもたちの様子を観察したりして、ミニ・レッスンのネタにしていけばいいのです。
　次ページに掲載した写真では、話し合いが深まるためのミニ・レッスンから１時間の授業をはじめています。ブッククラブを「読むこと」の授業

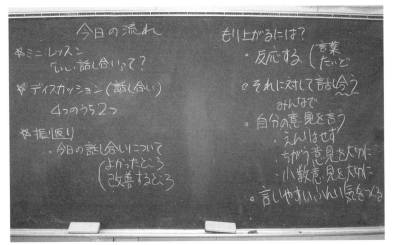

ブッククラブの時の典型的な1時間の授業の流れ

だと思っている人にとってみれば、「こりゃなんじゃ？」と思うでしょうね。扱っている内容は、すべて話し合うことだけですから。

　この写真は、かなり構成的に、ミニ・レッスンから共有までを含めて「話し合うこと」の深まりを狙ったブッククラブの1時間分を書き出したものです。黒板の左側の「今日の流れ」を解説すると、ミニ・レッスン＝5分、話し合い＝20分、振り返り＝10分、共有の時間＝10分という時間配分になっています。

　「4つのうち2つ」というのは、「優れた読み手が使っている効果的な方法」（『増補版「読む力」はこうしてつける』を参照）のうち、すでに教えていた四つ（関連づける、質問する、イメージを描く、推測する）のなかから二つは必ず話題として取り上げてください、という意味です。どうしてしばりをかけたかというと、前の授業でまったく的外れな話し合いをしていたチームがあったからです。そして、黒板の右側が、最終的に体験したことのなかから出てきた子どもたちの気づきです。

　この授業は、「子どもの実態を見てレッスン内容を決める」という、ブッククラブを含めたRWをやる時の教師の基本的なアプローチをとって

います。読みの授業でありながら、同時に話すことや聞くことの授業をやっているわけです。その理由は、子どもたちが「読むこと」だけでなく、「話すこと」や「聞くこと」、そして「書くこと」までも同時に学んだほうが効果的だからです。もちろん、楽しくもあり、身にもつくからです。

　また、話し合う内容についても重要です。下記の4枚の写真は、それらのミニ・レッスンです。

話し合いの話題について

話し合う時のポイントについて

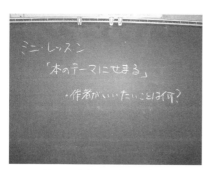
テーマのミニ・レッスン1

テーマのミニ・レッスン2

　さて、最後に話し合いが深まるための一番重要なファクターである「質問」です。話し合うための「よい質問」がどれだけ話し合いの場にあるか、それがとても重要になります。そのミニ・レッスンの例が次ページの写真です。

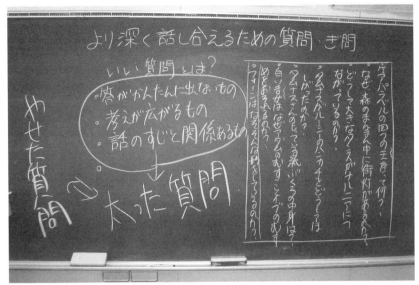

よい質問＝太った質問

②**カンファランス**——話し合いを深めるコツのなかで先生のスキルが最も要求されるのが、このカンファランスの部分だと思います。何のスキルかというと、これはもう「質問」のスキルにほかなりません。チームの様子を見取り、効果的な質問を投げかけることがとても大切になります。下手な介入で話し合いをぶち壊すこともあるので、質問のスキルを磨くことは先生にとってはとても重要となります。

　ここで言う質問は、今までの国語の授業での「発問」とは大きく異なります。国語の授業での発問は、文章の内容についての先生からの一方的な質問となっています（指導書に載っている発問をそのまま言っている先生も多いですが）。そのような発問をブッククラブの話し合いをしているチームに投げかけたところで、子どもたちの自由な話し合いを促進することにはなりません。

　でも、この発問、つい言いたくなるんです。一種の職業病ですか、私も何回か言ってしまいました。しかし、そのほとんどが、その後活発に話し

合うような状態にはならないんです。たいていの場合、ますます停滞してしまいます。何が一番いい質問だったかと振り返ってみると、やはりそれは「大切な友だち[★6]」のなかの「改善点を質問の形で伝える」時の質問だということに気づきます。

　上記のミニ・レッスンでやった「太った質問」を先生がつくって投げかけるのではなくて、あくまでもそれは子どもに任せて、先生はミニ・レッスンの最初で言ったであろう「話し合いが深まるためには何が必要なんだろうね？」という質問を、手を変え品を変えて投げかけていくことになります。

　文章の内容についての質問も行いますが、停滞しているようなチームに対して行うことが多く、しかも非常に大きい範疇での投げかけになります。どちらかと言えば、「切り口」を与える感じの質問です。

　『弟の戦争』のような戦争ものだったら、「みんなは戦争ってどんなイメージ？」とか「戦争に実際に巻き込まれたらどうする？」とか、一見すると本の詳細とは無関係なような質問をします。文章の内容についていきなり突っ込んでも、彼らはまだそこまで行き着いていないのですからそんな質問をしても無駄ですし、固まってしまうだけです。文章の内容に行き着いていないならば、そこへ行き着くための質問をするということです。

　文章から自分とのつながりや疑問・質問が出せなければ、子どもたちが自分とのつながりから疑問や質問が出せるように仕向ければいいのです。そんな話をしているうちに、「でも、本のなかでは……」とか「でもフィギスは……」とか、本の内容に少しずつ近づいていくようになります。

　通常のRWで行う一人読みの時のカンファランスは、本の内容についてがっつりと子どもと語り合うことが多いですが、ブッククラブの時は、仲間同士でやることなので、先生はそれを邪魔しないようにすべきです。ですから、ブッククラブでのカンファランスは、「話し合いが深まるためには何が必要か？」を考えさせる質問か、自然と話し合いがそこへ向かうような質問をすることになります。これがコツと言えます。

③フレームづくり——これが一番簡単なコツになります。でも、子どもに信頼されていないと難しいかもしれません。

まずは、グループづくりです。『リーディング・ワークショップ』にも書いてありましたが、先生がつくったほうがうまくいくということです。子どもたちはクラスメイトがどの程度の読みのレベルにあるのかよく分かっていないので、一番分かっている先生がつくったほうがうまくいきます。

持ち上がりの６年生の３学期に「長期のブッククラブ」をやった時も、最初は子どもたちにグループづくりを任せたのですが、やはりギブアップで、「先生がやって！」と頼まれてしまいました。２年間RWをやって来た子どもたちでさえ、クラスメイトの読みのレベルについてははっきりと分からないのです。[7]

先生が選書した本から選び、同じ本を選んだ子どもと一緒のチームになるという形のブッククラブでも、グループづくりの際は先生のカンファランスが重要になります。明らかに自分の読みのレベルを無視して、簡単な本や難解な本を選んでいる子ども（たいていは友達関係で引っぱられている）に対してはアドバイスをしてあげる必要があります。ここで間違えると、話し合いの質がまったく深まりません。読みのレベルが、同等の場合が一番盛り上がります。

異質の集団のほうが、読みのレベルの低い子どもが上位の子どもに刺激されて上達するのではと考えがちですが、たいていの場合は下位の子ども

★6★「大切な友だち」の手順は次の通り。①まずは、相手の話をよく聴く（②〜④のことができるように聴く）。②聴いていて、分からなかったところや不確かな点を質問する。③よかった点はできるだけたくさん指摘する。④まずい／改善が必要だと思ったところは、それを質問の形に変えて尋ねる。⑤最後は、愛を込めたメッセージを送る。もちろん、ブッククラブのなかで使えるが、教師と生徒、生徒同士、管理職と教師、教育行政に携わる人たちと学校現場の人たち、学校関係者と保護者、家族内の夫婦や親子、そして企業や役所を含めたあらゆる組織でも使える極めて効果的な方法である。これを、コミュニケーションをとる時のベースにできれば、世の中かなり変わるかもしれない。

★7★リーディング・ワークショップのなかに占めるブッククラブの割合は、費やす時間に換算すると10分の１ぐらい。何が大半を占めるかというと、一人でひたすら読む時間であり、次に多いのはパートナーとのペア読書である。

が委縮し、上位の子どもは欲求不満になります。『ギヴァー』でブッククラブをやった時は、このチームのメンバーは半ば強引に上位の子どもを4人選んで進めました。つまり、ある程度の作為は必要だということです[8]。

　それ以外にも、細かいことになりますが、場の設定として机はないほうがいいと思いますし（あっても一つ）、床に座るのもよくありません。そして、筆箱は振り返り用に持たせますが、話し合いの最中にはなるべく使わせないようにしたいです。

　以上の3項目が「やり方」についての説明ですが、それ以外にちょっと気づいたことを述べておきましょう。

　読書ノートに関しては、はっきりとしたことが分かりません。今までの経験上、様々なパターンがあるからです。話し合いのなかで、とてもいい働きで話し合いを深める子どもがいますが、それらの子どもが押し並べてノートをしっかり書いているかというとそうでもないのです。逆に、ノートには読んだことについてびっしりと書いてあるのに、話し合いになるとさっぱり冴えないという子どももいます。ですので、話し合いを深めるためにノートを活用するというコツを私はまだもっていません。

　なお、話し合いを深めるアイディアとして、3～4人の金魚役が真ん中に座り、残りの子どもたちが鉢役になってその周りを取り囲み、金魚役の子どもたちがどんな話し合いをするのかをしっかりと観察する「金魚鉢」は有効です[9]。

Q： ブッククラブを体験した子どもたちの反応を教えてください。
A： 子どもたちはブッククラブを大歓迎しています。一番の理由は、「本物の本を使っている」ということでしょう。逆に言えば、「教科書を使わない」ということを子どもたちが喜んだということです。この反応だけは忘れることはできません。

　最初は、私はナルニア国物語の『ライオンと魔女』を使ったのですが、

机を囲んで話し合う子どもたち

　これを手わたしている時の子どもの笑顔はとてもいいものです。これまで本を読んでこなかった子どもも、とりあえずみんな本にかじりつくのです。これはたぶん、「自尊心」を相当に植えつけられるからだと思います。つまり、いっぱしの「読書家」になる経験をするわけです。
　教科書では、まずこういうことは起こりえません。子どものなかでは、教科書は「本」ではないのです。本とは思っていないもので本の読み方を教えられてきたのですから、その矛盾に子どもたちは気づいているのです。子どもたち自身、「本は、国語の授業のようにしては読まない」と思っているはずです。一方、ブッククラブは、本物の本を使って「本物の読み方」をします。これが、子どもたちが大歓迎する理由です。
　二番目は、自分の力に気づくということです。国語の授業では、先生の発問やワークシートの問題、そして自由なようでいて制約や先生からの注

★8★検索エンジン（グーグルやヤフー）で「ギヴァーの会」を検索するか、URL（http://thegiv-erisreborn.blogspot.jp/）でページを開いてから「小６のブッククラブ」を左上に入力して検索すると、子どもたちの感想が読める。大人顔負けのレベルで読んでいることが分かる。ほかにも、「高一のブッククラブ」、「大人のブッククラブ②」、「20代の女性たちのブッククラブ」も同じように検索することで読める。
★9★この効果的な方法については、174〜176ページを参照。

文の多い読書感想文など、かなり制限された状況で読んだことに対して反応を要求されています。しかも、そのほとんどがパターン化されていて、作品やジャンルが違ってもだいたい同じような発問となっています。

作中の情景や状況を背景にし、登場人物の感情や心理を読み解くという文学作品では、ほとんどこのパターンで発問が繰り返されていきます。そして、それに対する答えは、たいていの場合、模範回答が指導書に書いてあるか、教師の解釈となっており、子どもたちは自然とそこに誘導されていきます。

しかし、ブッククラブではこの発問がありません。反応するのは自分の読みに対してであり、自問自答をしていくことになります。さらに、話し合いの時にはメンバーの読みに対して反応することになります。メンバーが質問を出す時もありますが、それに対する反応が違えば違うほど話し合いの質は深まっていきます。

自分たちで学びをつくっていくという体験は、今まで知らなかった自分の力に目覚めることでもあります。本を１冊読めるようになるということも自信になりますが、本を読んで考え、書き、語るということが自分たちの力でもできるということに気づくのです。

三番目は、単純ですが、本を読むようになるということです。教科書を使った「読むこと」の授業後に、「先生、もっと本を読みたい！」ということを言った子どもを私は見たことがありませんが、ブッククラブのあとに、さらに「本を読みたい」と思う子どもを数限りなく見てきました。

一人の男の子は、４年生までまったく本を読みませんでした。その子どもが１回目の『ライオンと魔女』を読み終わったあと、親にねだって『ナルニア国物語』の全巻を買って読みはじめたのです。一番びっくりしていたのは、その子どもの親でした。

また、グループ毎に異なる本を読んだ最後のブッククラブの直後に、お互いが参加したブッククラブについて読書パートナーと情報交換すると、そのほとんどのペアがブッククラブで使った本を交換していました。みん

な、ブッククラブのあとは「もっと本を読みたい！」と思うのです。

　良い面しか書きませんでしたが、悪い面と言えば、ブッククラブ以外の授業中に隠れて机の下で本を読んでいるとか、本を読むのに夢中になって、学校生活のなかで割り当てられた係や当番の仕事をさぼってしまうということでしょうか。

Q：ブッククラブを通して身につく力にはどんなものがありますか？

A：すでに述べたことの繰り返しになるかもしれませんが、簡単にまとめると以下のようになります。

①**選書する力**——単純に、読む意欲が上がるということです。図書の時間に時間つぶしとして選書していた子どもたちが、しっかりと目標や自分の読みのレベル、嗜好を考えて選書するようになります。上位の子どもたちは、さらに自分と向きあうような本を選書するようになっていきます。また、全員に言えることですが、リンカーンをもじって「自分の、自分による、自分のための選書」をするようになります。

　最初の頃は、先生のブックトークした本が選書されたり、読書パートナーのオススメ本に「読んでみようかな……」と食指が動いていた子どもたちが、だんだんと自分の好みにあった本をしっかりと選ぶようになっていきます。そして、これは一つの最終形態ですが、図書館に行って借りてきたり、本屋で購入したりと、教室の図書コーナーにあるもの以外の本を読み出すようになります。こうなってくると、「自立した読み手」になってきたと言えるでしょう。

②**反応する力**——自分の読みに対する反応と、メンバーの読みに対する反応の両方です。自らの読みに対して反応しておかないと、話し合いに参加できないし面白くもありません。またそれは、メンバーの読みに対しても同じです。

　今までの国語の授業では、反応しなくても誰かが先生の発問に答えてくれたし、友達の読みに反応することもありませんでした。

③クリティカル・シンキング（批判的に読む力）／思考力——違った読みをしてきたメンバーが交流したために、新しい価値観をつくり出すということが話し合いの場で行われるようになります。または、自分の価値観の正しさを認めることもあります。

　新しくつくり出したり、再確認したりするためには、今までの価値観をいったん批判的に捉える必要があります。そこから、新しい創造がはじまるのです。難しいことのようですが、これは無意識のうちにやっていることであり、知らず知らずのうちに身についていきます。

④話し合う力——コンセンサスをとるという話し合いでもなく、課題を解決するための話し合いでもありません。異質なものが交流しあうための話し合いですし、内容からして、感情や考え方、価値観、生き方、社会性までもが関係してくるので、話し合いとしてはかなり高度な部類に入ります。そして、生まれるものは人それぞれの価値観の創造なのですから、なかなか機械的にはいかない話し合いです。つまり、話の形とか進行表とか、教科書に出ているような指導内容のスキルはまったく使いものにならない話し合いです。

⑤表現力——読んだことに対する反応を、自由に自分でアウトプットしていくということは、自分なりの表現方法（文、絵、イラスト、話し言葉など）が見つかるということです。文章一つとっても、読書感想文のようなものではなく、またワークシートがあるわけではなく、表現方法は自由です。ノートは百花繚乱です。シンプルにすっきりとまとめている子どももおり、表現することをとても楽しむようになります。

　まったくノートが書けない子どもが、話し合いの場で活き活きと自分の考えを熱弁しているのを見ると、表現方法なんて人それぞれで、自分の最適のスタイルを見つけだすことが今の子どもたちには必要なんだということが分かります。

　総合的に見て、学習指導要領に例示されている「読む力」や「読み解く力」は、ほぼすべて網羅されているだけでなく、それ以外の能力をたくさ

子どもたちは、みんな個性的なノートをとる

ん身につけていきます。

Q：「表現力」のところで理解するのに苦労する読者がいるかもしれません。ブッククラブの目的は主に話し合うことです。そのために、準備として読んで、読書ノートに記録しておくことまではイメージできると思うのですが、それがどうして表現力まで広がるのですか？　もう少し分かりやすく説明してください。

A：それは、読んだことをノートにどう書くか、みんなにどのように伝えるかが子どもたちに任せられているからです。自分の得意な方法で表現し、自分の学びのスタイルを見つけ、さらにブラッシュアップすることも自由にできます。先生の発問に答える、ワークシートに書く、感想文を書くといったことしか許されなかった子どもたちに比べれば、かなりの表現力を要求されることになります。

　しかし、「こうしなくちゃいけない」ということがないので、子どもたちは自由に自分なりの表現力を高めていくのです。ブッククラブの目的とは離れてしまいますが、二次的に生み出されるものとしてかなり期待できることだと思います。

Q：授業で行うブッククラブは教師の選書に委ねられていると思いますが、選書のポイントを教えてください。

A：すでに150ページの「話し合いの中身を深めるコツ」で説明した通りです。やってはいけないことは、先生の価値観で選んでしまうことです。その理由は、春先に先生たちが行っている学校の図書室の選書がひどいからです。

選書された本のほとんどが、「絶対、そんな本を子どもたちは手に取らない」と私が断言できるものなのです。先生たちは、「子どもにこの本を読んでほしい」と思って選んでおり、「子どもはこの本を読みたいだろう」と思って選んでいないということです。

特別支援の先生が、普通の子どもたちに発達障害の子どもたちのことを分かってほしいと思ってその関係の本を選んだのですが（私は絶対に子どもは読まないと即断しましたが）、想像通り、その本は私が学校を去るまでの４年間、誰の手にもわたらず陳列されたままでした。セット価格５万円もする本です。

先生たちの選書は、やたらと教育的かつ道徳的です。そして、それらの本はたいていの場合、子どもたちに敬遠されます。子どもたちは、自分たちで読んでいる本のなかから道徳的なことをつくり出していきます。教師が、それを信じられるかどうかです。

当然、使う本は前もって読んでおきます。自分で読んでから選書してください。一度、これも失敗したことがあります。途中で「やっぱダメ、本を替えます」とはできないだけに、子どもに申し訳なかったです。

選書のテーマを「戦争と平和」とか「生と死」とかのように統一しておくと、最後に共有する時に全体で行うことができます。本が違ってもテーマが同じだと、違う本同士のチームをつくったり、読書パートナーを使ったりと違った形で交流することが可能となります。

以下に、６年生の場合のテーマの例を挙げておきます。

第2章　学校でのブッククラブ　165

表12　テーマ別に選んだ本

テーマ	例
宮沢賢治と絵本	『やまなし』『双子の星』『虔十公園林』『なめとこ山の熊』『よだかの星』『どんぐりと山猫』『注文の多い料理店』『てぶくろを買いに』『きつね三吉』
ファンタジー	『ナルニア国物語　ライオンと魔女』『ローワンと魔法の地図』『ダレン・シャン』『霧のむこうのふしぎな町』『ルドルフとイッパイアッテナ』『十五少年漂流記』
生と死	『ぶらんこ乗り』『だれが君を殺したのか』『ゾマーおじさんのこと』『カラフル』『永遠の夏休み』『ルイーゼの星』
ノンフィクション	『エンデュアランス号大漂流』『ユウキ』『ちび象ランディと星になった少年』『盲導犬クイールの一生』『秘密の道をぬけて』『マヤの一生』
生き方を考える	『ギヴァー』『ヒトラーのはじめたゲーム』『時をさまようタック』『弟の戦争』『テラビシアにかける橋』『無人島に生きる十六人』『穴』

Q：これからブッククラブを授業に取り入れてみたい先生や図書館の司書、児童館の指導者、読み聞かせボランティアへのアドバイスをお願いします。

A：これを読んでもらうことです。疲れましたが、楽しくもありました。というのも、かなり本音の部分を伝えることができましたので。

　アドバイスはいろいろありますが、まずはやってみることです。そのうえで、いろいろと考えるべきことが見えてくると思います。場所と子どもが違えば、私の実践なんて何も役に立たないかもしれません。その時は、一緒になって考えたいと思いますので連絡をください（甲斐崎博史：pro.workshop@gmail.com）。楽しみにしています。ブッククラブを含めたリーディング・ワークショップを進めるうえでの大前提は以下の通りです。

　「子どもは未熟で、教師が教え導かなければならない存在である」という考えではなく、「子どもは有能で、個人差はあるが、みんな主体的に自立して学んでいける存在である」。

166　パート **2**　具体的なブッククラブの紹介

小学校低学年のブッククラブ

Q：お願いしていた「読み聞かせ」と「ブッククラブ」の比較はやってい
ただけましたか？

A：今、担任をしている２年生のクラスで、『くまさぶろう』と『ピータ
ーのいす』という２冊の絵本を使ってやってみました。どのようにしたか
というと、まず２冊の絵本の読み聞かせをしました。その後、簡単な感想
を書いてもらい、どちらの絵本でブッククラブをやりたいかを判断しても
らいました。結果は、『くまさぶろう』が４チーム（17人）で、『ピーター
のいす』が３チーム（10人）でした。チーム編成は私がしました。

　簡単な一言感想でしたが、子どもたちは要旨をよく捉えていました。一
度しか読み聞かせされていないのに、そして両方について書いてもらった
のにもかかわらず、ブッククラブに選んだほうと選ばなかったほうと遜色
がありませんでした。むしろ、選んだほうを簡単に書いている子どもが多
かったぐらいです。ストーリーの好みや内容の難易度などが選択の基準に
なっていたようですが、もっと詳しく読みたいというのもブッククラブを
選んだ理由かもしれません。

Q：ブッククラブでのやり取りについて教えてください。
A：各チームの一つずつを紹介すると、以下のような感じで話し合いが行
われていました。

『くまさぶろう』グループ

　「かなしそうな感じがよかったったんだよね」
　「最後はいい人だよね」
　「でも、最初からどろぼうだけど、そんなに悪くないよ」
　「かっこいいよね、いろいろとったりマジシャンみたいだったり。最後

はいいことするし。そのかわりに自分はねぇ」
「かわいそうだけど、すごい人なんだよね」

『ピーターのいす』グループ

「ピーターはじょじょにやさしくなってきてるよね」
「おもしろい」
「どこが？」（ページをめくりあっている）
「いたずらっこなとこ、くつのとこと」
「これでかわったよね」
「ちょっとすっきりしたんじゃないかな」
「ゆうやくんは？」
「家出はおもしろいっていうか、びっくりした」

　どのグループも絵本なので、最初から最後までを行ったり来たりしながら、ざっくりと話をし、だんだん焦点が絞られていったり、絵をよく観察しあったりしているようでした。『ピーターのいす』グループのほうが自分とつなげて考えたり共感していることが多く、自分の生活のなかのことを出しあっていました。
　『くまさぶろう』グループは、くまさぶろうの人間性を共有している話が多かったです。絵の面白さをみんなで探しあって「凝ってるね」などという言葉も聞こえてきました。

Q：実際にブッククラブをやってみた子どもたちの感想はどうでしたか？
A：子どもたちに感想を言ってもらったので、その結果を整理したうえで紹介しましょう。
　「いろいろなことを聞いたり聞かれたりするから、いつもよりたくさんしゃべれて、言えないこともたくさん言えてよかった。ペア読書でやったことを使えた。自分で読んで見つけられたり考えたりできるから、読み聞

かせだけよりいい。考えたり言ったりする力もついた」

「自分の思ってないことを友達が言ってくるので頭に入ってきていい。先生が読むのもいいけど、5人でやるともっと詳しくできるし、楽しいです。みんなで話していて、最後はヒーローみたいだねって言ってた。写真が本物だったのも驚いた。みんなで見たから探せた」

「ブッククラブをやるとすっごく楽しい。分かんないとこも教えてもらえる」

「友達と話して楽しかったです。いろんな話が本でできるから」

「同じことを思っていることもすごくいっぱいあった。でも、よく聞くと、ちょっとずつ違っていろいろなことを聞けるのがいい」

「絵本なのにじっくり読めた。いろいろ話して自分だけでは気づけないってことが分かった。みんなで読むから楽しいのが増える」

「ペア読書よりもたくさんの人と話し合えるし、話しやすくて楽しいです。読み聞かせだけより分かるところが多かった。みんながいろいろ見つけてくれたり分からなかったことも分かったり、発見したりできるのもいいです」

「みんなの意見がいっぱいあるから、思い出して言える」

「自分で気がつかないところや、あんまり見ていなかったことを言ってくれるからブッククラブがいい。ほかの意見も聞けるし、楽しい」

「細かい場所もじっくり読めるからいい。自分でいいと思った場所を言えるのがいい。同じ意見を聞くのはやっぱり嬉しい」

Q：子どもたちの感想をふまえて、読み聞かせとブッククラブを比較した感想はどうですか？
A：ブッククラブに入る前に、「一人読みをしたい！」という思いが子どもたちに強いことが分かりました。絵本だから、なおさら「自分で読みたい」のだと思います。グループづくりをしたあとに絵本をわたしたら、みんなし〜んと読みはじめたので「一人読み」の時間を設定しました。予定

していた進め方とは違いましたが、「一人読み」の価値の大きさに気づきました。それがないとブッククラブへの参加度も低くなるし、やり取りも噛み合わない／深まらないように思いました。

ブッククラブがペア読書（二人読み）より楽しいという子どもたちも意外といて、興味深い結果でした。年齢的にも、グループのなかでの楽しさを味わえる段階なのかもしれません。

子どもにインタビューをすると、必ず「読み聞かせも好きなんだけど……」という前置きが付くようになりました。私への気遣い（？）だけでなく、単純に読み聞かせは好きなのだということのようです。読んでもらうって特別でいいらしく、「ほっとする」って言っていました。

子どもたちに「読み聞かせとブッククラブとどちらが好きか？」という感じで聞くと、「どちらも好きだし、どちらも楽しい」と言います。しかし、お話を分かったり、みんなの考えが聞けて納得したりできるからブッククラブのほうがためになるっていう感じです。ブッククラブのほうがよいというより、ブッククラブによって得られるものをよく理解しているという気がしました。もちろん、それを楽しんでもいます。

当たり前のことですが、自分でしっかり読みたいという感じがします。事実、読み聞かせに使った本は、読んだ直後、必ずたくさんの子どもが手に取ります。私のクラスでは、読み聞かせも（リーディング・ワークショップの考え聞かせやミニ・レッスンも）たくさんしてきているのですが、このような現象はいつも同じです。週に1回してくれている保護者の読み聞かせでも、わざわざ読んだ本を置いていってくれます。

内容的な読みの深まりについては、絵本だと、読み聞かせの段階でかなりつかんでしまっていたということが分かりました。そのせいでしょうか、ブッククラブによって読みが具体的に大きく変容したというところまではいっていないという感じがしました。

絵の読み方の発見や、自分につなげて考えあって互いに言いあうことで深く刻まれるという程度の成長かなと思いました。よく考えると、私のク

ラスは学年末だったので、2年間一緒にいろいろとやって来たわけですから、読み聞かせの段階ですでに「しっかり考えて聞く」ということができていたと思います。

Q：かつて、1年生を対象にブッククラブをされたようですが……。
A：1年生の1月に、『エルマーのぼうけん』という比較的厚い本を使ってやりました。最初のガイダンスやグループづくりと、最後の振り返りを含めて全部で8時間かけてやりました。そのなかで、実際に本の話し合いをしたのは5回でした。

　1年生を対象にした理由は、①楽しく読むこと、書くこと、話すことをリンクさせたかったこと、②普段自分では手に取らない（取ることができない）本を読ませたかったこと、の二つです。

　1月の後半に行いましたが、当時、厚い本が読まれている割合はクラスの半分ぐらいしかありませんでした。10月にした『はれときどきぶた』の連続読み聞かせ以来、劇的に厚めの本を手に取るようにはなっていましたが、あと一押しをしたかったのです。また何よりも、小学校1年生でもブッククラブはできる、ということを証明したかったのです。

Q：具体的に、どのように始めたのですか？
A：「読むことが上手になること、書くこと、そして友達と話し合うことのすべてが入っているのがブッククラブです」ということを説明して、「みんなで『エルマーのぼうけん』を読みながらおしゃべりをします」と言ってはじめました。

　そして、個人の目標を立てさせたり、グループの目標づくりもしました。最初は何を書いていいのか分からない子どもが多かったのですが、書けた子どもたちのものを発表してもらいながら、イメージがつかめたあとにまた個々に戻って書いてもらうと結構みんな書けました。そして、「ひたすら読む」時間に突入しました。

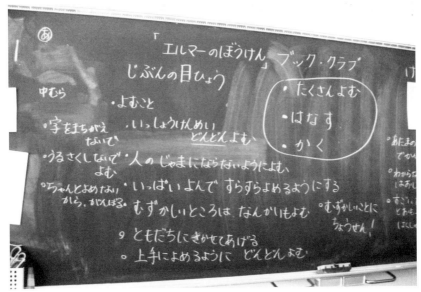

じぶんの目ひょう

　観察していると、楽しく読んでいる子どもが多かったですし、付箋もたくさんつけていました。また、地図に見入っている子どもたちも多くいました。でもその時、私の頭のなかを渦巻いていたのは、「選書を失敗したかな……」ということでした。読めていない子どもが気になって気になって仕方がなかったからです。

　これではブッククラブが成り立たないかも……と憂鬱な気分にもなっていました。そのため、次の日の読む時間は読めない子どもたちのために、「一人読み」の時間を工夫して行うことを決めたぐらいです。

　でも、今思うとやって本当によかったです。ブッククラブの話し合いごとに、徐々にですが話ができるようになり、自分で読みたいという気持ちが強くなっていったからです。経験を重ねるごとに、「一人読み」の時間での読み方も変化していきました。話もどんどん面白くなるので、余計に読みやすくなったようです。

話し合いのなかで、自分では読めなかった部分を補っていたのだと思います。そういう力がブッククラブにはあるのだ、と私にとっても新しい発見でした。

Q：2回目はどうしましたか？
A：前日の「一人読み」の時間の反省をふまえ、ペア読書での読み方をミニ・レッスンしました。そして、読むのに苦労している子どもたちもいるので、1章をそのまま読み聞かせしました。

　その結果、「一人読み」の時間では、二人読みをする子ども、交互に読み合っている子ども、同時に同じところを読む子どもが増えました。初日はシーンとして読んでいたのですが、みんながブツブツと言いながら読みはじめていたのです。1年生は、それが自然な感じなんです。昨日の最初にも、読み聞かせをしてあげればよかったと思いました。

　まだ2回目あたりでは半信半疑だったのですが、子どもが落とした付箋に「エルマーのぼうけん楽しそう」と書いてあったのを見つけて、とても勇気づけられました。

Q：3回目はどんなふうに展開したのですか？
A：話し合いのスキルをミニ・レッスンでやりました。とはいっても、「たくさん話そう」、「よく聞こう」、「楽しくやろう」の三つだけを言ってはじめました。もっと突っ込んだことを提示しようか考えていたのですが、4人のグループで本について話し合ったことがまだなかったので、そんな状態でいろいろ教えても実感がわかないだろうと思い、とりあえず1回目の話し合いをスタートすることにしました。

　私自身が不安になったので、子どもたちに「みんな、ちょっと難しいことやってるって思ってる？」と聞いてみたら、「う〜ん、ちょっと」という答えが返ってきました。

　「そうかぁ。今までブッククラブってやってないもんね。でも、アメリ

カでは幼稚園や保育園の子どもたちもできちゃうんだって」と言ったら、「ほんと？」と聞いてきたので、「うん、ホント。だから、みんなは１年生だからブッククラブができるよ」と言ったら、「そうなんだ」という反応が戻ってきました。

　何がそうなのか、子どもたちはあまり分かってないと思いますが、これで私の焦りもなくなりました。

　半分以上のグループはそれなりに話せていましたが、4人ではなく二人ずつ話していたり、みんながバラバラでよく分からなくなってしまっているグループもあったので、12分で１回止めて（全体の話し合いの時間は20分）、話し合いの記録をメモしていたグループのやり取りを紹介しました。すると、みんなイメージがつかめたらしく、再び話し合いに戻りました。

　共有の時間に子どもたちが初めて話し合いをした時の感想は、下の左側の写真のようなものでした。

　「次回はこうしようって思ったことあった？」という投げかけには、右側の写真のような反応がありました。

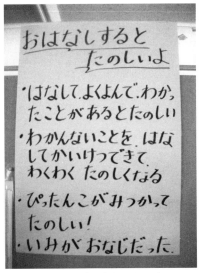
おはなしするとたのしいよ

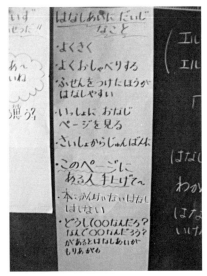
はなしあいにだいじなこと

開いているページが違っていてうまくいっていないグループもありましたが、振り返りの時に子どもたちから指摘があったので、提案しなくてよかったです。

まずは体験してみて、そこから必要なことを子どもたちなりに意識できるようになるという予感がもてました。また、疑問や質問があると話しが盛り上がることも分かっているようなので、とてもいいスタートだったと言えます。

Q：次の時間はどうしましたか？
A：前の時間に子どもたちから出された「おはなしするとたのしいよ」と「はなしあいにだいじなこと」を振り返って、すぐにスタートしました。

話し合いのあとの共有の時間で印象に残っていることは二つです。一つは、一緒に話し合うことで読み直すことがあり、それが一人で読んだ時よりも理解を助けることを何人かが意識しはじめたことです。もう一つは、みんなちゃんと聞いているのに、何度も「ちゃんと聞いてない！　ちゃんと聞いてない！」って言い張る子どもがいたことから、ちゃんと聞いているって合図を送るにはどうしたらいいかをみんなで考えたことでした（右ページの写真を参照）。

これらの二つのことだけをとっても、子どもたちの学ぶ力はすごいと思います。

Q：5時間目はどうしましたか？
A：前回の反省として、「うまく話せない子どもたちを支えるためにはどうしたらいいか」と「もう少し相互に反応しあう形の話し合いを4人でできるようにするにはどうしたらいいか」ということが私には残っていました。そして、子どもたちはこれら二つの点に関しては、よいイメージというか、よいモデルを知らないのだろうという結論が出ました。つまり、話せない子どもに働きかける術もよく分からないし、メンバーが相互にから

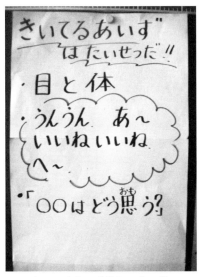
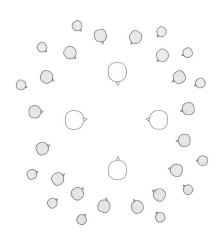

きいてるあいずはたいせつだ　　　　　　金魚鉢をする時の座わり方

　みながら一つのことを考えるということもよく知らないので「金魚鉢」をしてみようと考えたのです。とはいえ、子どもだけの金魚鉢では効果が薄いうえに、やったことがないのでハードルが高いと考えました。
　そこで、子どもたちがすでに話し合いをしている箇所を使って行うこと（内容についてはみんなイメージがつきやすいので、どう話したらいいかに焦点をあてて考えやすい）と、自分を入れた４人のチームで行うことに決めました。
　直前まで、話すのがうまい子どもを私が選ぼうと思っていましたが、子どもたちの前で話しながら急きょ変更しました。冒険ですが、ボランティアを募ることにしたのです。想像通り、予定外の子どもたちもぞくぞく手を挙げてくれました。そして、公平を期すためにジャンケンで選びました。
　みんなが見ているなかで、４人が丸くなって椅子に座りました。選ばれた３人はとても嬉しそうで、「見ているみんなは、どんないいところがあったか発見してね」と声をかけて、４人での話し合いをスタートさせたの

です。

　金魚鉢をしているなかで、K君が「付箋にないこと思いついたんだけど話したい」と言い、ほかの子どもが「なに？　なに？」と反応しました。もし、こういう場面が出てこなかったら私がその役をやろうと思っていただけに、子どものほうから自然にやってくれたことがとても嬉しく、成長していることを感じました。

　金魚鉢を終えて、見ていた子どもたちに「気づいたことある？」と聞いたのですが、その答えは以下の通りです。

　　・付箋は大事。
　　・「うん」とか、返事をすると言いやすそう。
　　・楽しそうだった。
　　・みんなが順番に納得してできてた。
　　・話をよく聞いていた。
　　・「それについてどう思う？」って、聞いていた。
　　・付箋になくても、考えたことを言ったらいい。

　一緒に金魚鉢をやった子どもたちは「あ〜楽しかった！」と言い、ほかの子どもたちも「早くやりた〜い」と言っていました。「今日見て気づいたことは、自分たちがブッククラブをやる時もやってみようね」と私は言って、金魚鉢を使ったミニ・レッスンは終わりました。

Q：単に子どもたちに読んで話させるだけでなく、いい話し合いをするにはどうしたらいいのかを同時に教えている様子がよく分かりました。今、『エルマーのぼうけん』のブッククラブ全体を振り返って、どんな印象をもっていますか？
A：ブッククラブは１年生でも十分できるし、子どもたちにとって有効で、なおかつ楽しい活動であるということが分かりました。子どもたちは回を

重ねるごとに話し合いがとても上手になったし、誰かが司会をするわけでもないので自然な形で話し合っているのでとてもフラットで、不自然さがないため、日常に活かすことも容易です。

　結果的に選書もよかったと思います。『エルマーのぼうけん』は３部作なので、続きを読む子どもが多かったです。子どもたちを見ていて、読み切ったという自信も感じ取ることができましたし、「本物の長い本が読めちゃったんだ！」という感じです。つまり、読むコツとか体力をつけたように感じました。このようなことがブッククラブではできる、と実感した次第です。

　子どもたちは話し合うことでよく学んでいたし、うまくいかない時は問題点にも気づいていて、どうしたらいいのかということも考えることができていました。子どもたちの可能性を強く感じただけでなく、どんなに小さい子どもたちでも有能な学び手なんだということを私自身も実感しました。

　もちろん、課題もまだまだありますが、日々行っているリーディング・ワークショップや、繰り返し行うことのできるブッククラブであれば、成長へとつながる足掛かりとなるので、「できていない」とか「ダメだった」というようには子どもも私も受け取っていません。単発で行っていないことから生まれる確信というか安心感もあって、焦りが生まれないのです。

　また、グループの形態をとったことで、子どもたちの様々な資質に気づくことができたことも大きいです。子ども同士も、「○○ちゃんは質問がうまい」とか、「話をよく聞いてくれて話しやすい」とか、「ノートにまとめるのが上手だ」とかのように気づけるようになりました。これは、３人以上がかかわることで見えてくるものだと思います。そういう意味でブッククラブは、「読む」、「書く」、「聞く」、「話す」が複合的に重なり、コミュニケーション・スキルが含まれてくるパワフルな活動だと言えます。

3 学校全体で「今月の本」について話し合う
(One Book, One School のアプローチ)

　ここで紹介する事例は、『リーディング・ワークショップ』に記載され
ていること（28〜32ページ）を参考にして、インタビュー形式にまとめ直
したものです。

Q：ファリーナ校長先生、なぜ毎月38人の教師に、本とその本を選んだ理
由を書いた手紙をわたしているのか教えてください。
A：もう6年前のことですが、私が今の小学校に赴任してきた時、学校づ
くりの柱としてしたいことが二つありました。読み書きを学校の中心に位
置づけるということと、ほかの人への親切とほかの人を尊重するというこ
とを学校全体で培うことでした。それらを具体的に進める方法として、後
者を扱った様々な本を先生たちにわたし、それを各教室で読み聞かせして
もらって話し合うという取り組みを行いました。

　最初の職員会議の日、私はケヴィン・ヘンクスの絵本『*Chrysanthemum*
（菊）』[★10]を美しく包装して、なぜこの本を選んだのかという理由を書いた丁
寧な手紙とともに配り、全教員の前でこの絵本を読み聞かせました。

　その後、私たちはお互いへの、そして子どもたちへの思いやりを示す小
さな行為について時間をかけて話し合いました。もちろん、心ない言葉に
よって受ける傷についても話し合いました。

　「棒や石で怪我をさせられることはあるけど、本当に傷つけられるのは
言葉によってですね」という発言もありました。そして教師たちは、「こ
の学校の子どもたちはどうなんだろうか？」と思いを馳せ、学校全体を、
何があっても人の尊厳が守られ、人が尊重される場にしていこうと決意し
たのです。

　教職員との話し合いをした数日後に、『*Chrysanthemum*（菊）』を自分の

クラスで読み聞かせるように頼みました。そうしたら、すぐに学校全体が、この物語に出てくる「Chrysanthemum（菊）」という名前のネズミの子どものことを知るようになったのです。

　このネズミの子は、その名前がほかのネズミと異なるためにいじめられて嫌な思いをしました。この本が教室で紹介されたことがきっかけとなって、すぐに学校全体の子どもたちが、ほかの人と違うということから仲間はずれにされるということについて考えるようになったのです。

　これは6年前のことです。そして、その日以来、毎月私の小学校の38人の教師たちは、私が厳選した本とその理由が書かれた長い手紙を受け取ることになったのです。毎月、986人の子どもすべてに「今月の本」が読み聞かせられ、それらの本について話し合いを深めていったのです。

　ある時、私はトニ・モリソンとスレイド・モリソンが著した『子どもたちに自由を！』という本を選びました。添付した手紙には「子どもたちそれぞれの異なった長所を伸ばしていくことに特に注意を払ってほしい」と書いて、私自身もこの学校の先生たちにそういう態度で接することを約束しました。その手紙には、次のようにも書きました。

　　　この達成されるべき規準が声高に言われる時代だからこそ、規格化された箱の中に押し込められないようにするためにできることはすべてしましょう。私たちは、子どもたちのそれぞれの自分らしさを大切にしているでしょうか？　確かに、規準を決めて高い期待をもつことは重要なことです。しかし、その規準のためにすべての子どもたちが同じように行動し、同じように考え、同じことを楽しむように、つまり同じ箱の中に押し込んでしまうということをしていないでしょうか？
　　　そのようなことにならないように、意識的な努力が必要なのです。

★10★(Kevin Henkes)『*Chrysanthemum*（菊）』のなかでは、Chrysanthemum（菊）という名前のネズミの子どもが、その名前が「長すぎる、花から名前をつけるなんてヘンだ」と、名前が理由でほかのネズミの友達にいじめられて嫌な思いをするが、音楽の先生のおかげで、最後には自分の名前に誇りをもてるようになる。

このように、本のおかげで私たちの学校には、子どもたちも含めてみんなが理解できる共通の言葉が生まれたのです。何かを話す時、本の登場人物がまるで学校内にいるかのようにもなるのです。

Q：日本でも同じような問題を抱えながら、それへの対応が見いだせずに極めて悲惨な結果を招いているケースがありますから、ファリーナ校長先生が取り組んでいることはとても参考になります。ところで、「今月の本」から発生したことがあったら是非教えてください。

A：学校中の子どもたちは、私が「本が大好きな本担当の先生」であることを知っています。親たちも、私に本を推薦するための手紙を書いてくれます。「この本を読んだ時に、校長先生のことを思い出しました」と書いてきた母親もいました。1年生のクラスでは、何人かの子どもたちが「私たちのクラスでは、この本が『今月の本』によいと思います。その理由は……」と、私宛てに手紙を書いてくれました。こうした直接的な子どもたちや親たちとのやり取りは、とてもうれしいものです。

　もちろん、私自身「本が大好きな本担当の先生」であると自認していますから、ますますその役割に磨きをかけています。ほかの人がまだ見つけていない本を見つけたいと思い、実は、本屋さんや図書館の本棚をいつも丹念に見て本を注文しているのです。

　すでに、学校外にも「今月の本」は普及しはじめています。ニューヨーク市では、40人以上の校長たちが私の例に倣い、「今月の本」を選んで教師たちにわたしています。

　校長たちのなかには、私に本の選択についての助言を求めてくる人もいますが、その人たちに対しては、「まず、自分の学校をよく観察し、そしてそこから見えてくる疑問、課題、必要性、夢などにこたえるような本を選んでください」と伝えています。ある学校でよかった本が、ほかの学校でもいいという具合には必ずしもいきませんし、選んだ人の思いや考えがとても大切だと思うからです。

第2章　学校でのブッククラブ　181

Q：すでにそこまでの広がりがあるのですか。素晴らしいです。「今月の本」のアプローチ以外に、学校が読み書きを大切にしていることを示している例をご存知でしたら教えてください。

A：私の学校ではありませんが、毎月、最初の金曜日を「親が読書パートナーになる日」に設定している所があります。その日、親たちは、リーディング・ワークショップの時間に教室にやって来て、親子で本を読み合っています。

　また、ほかの学校では、学年を越えて子どもたち同士が「読書パートナー」をもっている所があります。そして、「読書パートナー」のいるクラスと一緒に校外学習に行って、二つのクラスで一緒にテーマ研究を行ったりもしているそうです。

　やれることはたくさんあり、アイディアも際限なくあります。ちなみに、私たちの学校レベルの応用例として、アメリカやカナダでは以下のことが盛んに行われています。

　　・大学1年生のオリエンテーションの一環として1冊の本を読み合う。
　　・一つの公立図書館で1冊の本を読み合う。
　　・一つの町、市、州で1冊の本を読み合う。

＊＊＊

　以下に紹介する話は、本書の原稿を書き終えて「あとがき」を書こうとしていた時に見つけたものです。実は日本にも、読書を学校づくりの核に据えて、5年間にわたって邁進した校長先生がいたのです。40年前のことですが、その記録は『全校読書運動の記録』（山口重直著、国土社、1976年）にまとめられています。

　その校長先生は、朝礼を利用した読み聞かせやブックトーク、そして民話の「語り」をしたのですが、それはほんの一部で、全校読書運動の柱は以下の5本だったそうです。

①学級交換文庫——交換読み方式の学級文庫（保護者の理解と協力のもとに、子どもたちの買った本は読み終えるや直ちに学級文庫に収まり、クラス全員の読書財産として活用される。子どもの身近に、新しくて魅力的な本がいっぱいあることが不可欠。読みたくなるチャンスを身近に、豊富に用意することで、偉大な力を発揮する。）

②学級担任による工夫された「読み聞かせ」の実践——教師と子ども、子ども相互の間に、普段の誘発的交流がなされる。

③読書の授業の組織化——集団読書のカリキュラムづくり＝国語の授業とは違う読書の授業を創造したい。

④学校生活や行事の場に全校的な読書の輪を広げること。ありきたりの学校行事や集会、各種児童活動を、白紙に返して、まったく新しい創意をはたらかせる。卒業式や入学式でさえ、感動を高める読書教育のこよなきチャンスがひそんでいる。

⑤教室と家庭、教師と親との間に子どものための読書の架け橋をつくる。両者は、子どもの成長への願いを込めてまさに一つになる。母親読書会の推進である。

（出典：『全校読書運動の記録』44〜46ページ）

　なお、この本のなかでは繰り返し既存の国語の授業を批判しながらも、それに手をつけることはせずに、あくまでも国語とは別の「読書」として実践されました。それから40年が経っていますが、日本における読書への取り組みは、常に国語という教科の枠の外で行われるという傾向が続いています。

　また、ファリーナ校長先生との比較では、継続して、しかも輪が広がる形で取り組めるスケール（規模）も大切なんだ、と考えさせられました。あまり頑張りすぎると、あとが（周りが）大変ということです。一方、取り組みやすいレベルだと輪はどんどん広がっていきます。

第3章
海外のブッククラブ

1 母親と娘たちのブッククラブ（アメリカ）

　ここで紹介するのは、『The Mother-Daughter Book Club』（Shireen Dodson, Harper Paperbacks, 1997）の内容をインタビュー形式にまとめ直したものです。この本は、全訳したいぐらい情報盛りだくさんのいい本なのですが、日本でのマーケットを考えると時期尚早と判断して、一部を紹介することにしました。

　しかし、アメリカでは改訂版が2007年に出版され、母親と娘たちのブッククラブの選書を助けるための『100 Books for Girls to Grow On（娘たちの成長のための100冊）』（Shireen Dodson, William Morrow Paperbacks, 1998）も出版されています。

Q：ブッククラブをはじめたきっかけは？
A：11歳になる娘と話はしていましたが、決してコミュニケーションは図れていませんでした。また、その状況をどのようにして改善していいかも分かりませんでした。話し方がまずいのは分かっていたのですが……。

　何とかコミュニケーションを図りたい、大切な価値や考えを伝えたいという思いは強くもっていました。でも、話しても聞いてもらえません。居場所は共有しているのですが、娘が何を考えているのか皆目分からないし、すぐに言い争ってしまうという状況が続いていました。

その打開策として思いついたのがブッククラブだったのです。毎月2時間、何からも妨げられない時間を共有するというアイディアです。一対一だと息詰まると思ったので、同じようなニーズを抱えている母親と娘たちに呼びかけて、両者にとって居心地がよく、コミュニケーションが図れる場をつくりたいと思ったことがきっかけです。

読み手になるために必ずしも本はいりません。娘たちは、絶えず自分が出合う世界を「読み」、それを解釈したり反応する形で生きているわけですから。でも、実際に本をどのように読んでいるのかを知りたかったし、そのプロセスを共有したかったのです。

いい読み方をしたらほめてあげたいし、改善が必要だったら違う読み方を提供してあげたいと思いました。それをうまくする方法の一つとして、ブッククラブに目をつけたのです。

娘たちにとっては、真剣に親に聞いてもらう体験が大切で、それが自信につながっていきます。しかし、一つの視点からしか見られない場合もあるので、単に親子だけでなく、様々なメンバーがいるなかでの話し合いによって多様な視点を得ることができるのです。

Q：自分たちのブッククラブの特徴をまとめると？
A：9〜12歳の娘たちとその母親たちの会です。現在は、10組の黒人の母娘、合計20人が参加しています。

特徴はたくさんあります。まずは、本についての話し合いがメンバー間の関係を深めます。二つ目は、本を好きにさせてくれます。三つ目は、読む力や批判的思考力を磨いてくれます。そして、四つ目としては、自分が認められ、聞いてもらえる場が提供されているということが挙げられます。

何よりも、パソコンというハイテクの文化に浸っている子どもたちに、ゆったりと聞けて、話せて、考える時間を提供することができます。気に入った本について話し合うというのは、極上のひと時です。つまり、本について話すということは、互いについて知りあうということなのです。

そもそも本を読むことが好きな子どももいますが、メンバーでいたい、話し合いに参加したいということで本を読む子どももいます。本が好きなメンバーのなかに浸ることで、自分の読む力が成長していく子どももいるわけです。言ってみれば、受動的な読み手から積極的な読み手に成長していくということです。

年代的には急速に離れていく時期であるにもかかわらず、母親にとっては、娘と同じ本を読むことで共通項をもつことができます。また、学校ではなかなか得られない自分を出せる安心・安全な環境が提供されます。正解はありませんし、教師という権威もいません。それどころか、メンバーの一員という意識も強まっていきます。そして、単に一緒に本を読んで楽しめるというだけでなく、自分が認められ、受け入れられているという感覚によって自己肯定感も増していきます。

言ってみれば、娘たちが自らを見いだすことをサポートする時間であり、母親が自分を再発見する時間でもあります。

ブッククラブのなかだと、母親は単に娘の母親だけでなく、一人の大人、キャリアウーマン、世話焼きおばさんなどの役割を担うことが可能となります。娘と一対一の関係では、それはなかなかできません。

ブッククラブは、学校の授業とは対照的な体験を提供してくれます。それは、残る／身につく形で学べる体験と言えます。具体的には、以下のようなことが含まれます。

　①競争ではなくシェアリング（共有）
　②成績ではなくリフレクション（振り返り）
　③できるかできないかの判断ではなくアクセプタンス（受け入れられること）
　④知っていることを示すのではなく探究
　⑤結果ではなくプロセス（体験）
　⑥母親を専門家や管理者としてではなく、個人として見ること

Q：継続的に取り組まれている理由、そしてさらに輪を広げていきたいという理由も分かりました。ところで、どんな本を読んでいますか？　また、本の選び方は？

A：基本的には、黒人のアイデンティティーと、母親と娘の絆を考えるものを中心にして読んでいます。選ぶ本は、推薦者以外の誰かが読んでいることを条件にしています。また、表紙や巷の評判だけでは選ばないようにもしています。

　私は、自分たちが求めている本に詳しい何人かの選書アドバイザーも確保しています。例えば、近くにある親しい本屋の店長さんなどです。彼女が紹介してくれた本の1冊にジュールズ・ファイファーが著した『The Man in the Ceiling（天井の中の男）』がありました。これは、父親と息子を中心とした家族のストーリーですが、親子の関係を考えさせるにはとてもいい本でした。

　本の質にはこだわりますが、ジャンルにはこだわりません。娘たちが自分では選ばない本も大切にしています。とにかく、自分たちが読む本を探すことはとても楽しいことです。

Q：どこで会っていますか？

A：各母娘のペアがホストになり、その自宅ないしホストが指定した場所が会場となっています。

Q：具体的な読み方、話し合い方について教えてください。

A：会の前にすることは、本を読んで、質問や話したいことを準備しておくことです。そして、1週間前に忘れないように案内メールを出します。

　当日の会は2時間ですが、まず母親たちは母親たちだけ、娘たちは娘たちだけのインフォーマルな情報交換の時間を15〜30分もち、その後に45分〜1時間の話し合いを行います。残りの時間は、次回の準備と振り返りに当てています。

各会の進行は、以下のようなことに注意して運営しています。

①単純さを維持する。
②進行は書き出さない。インフォーマルに進める（会の進行役は毎回
　変わる）。
③娘たちを中心にした話し合い。
④ルールを強制するのではなく、期待、信頼、柔軟性をベースにする。
⑤参加の仕方は柔軟に。
⑥オープンに発言できるようにする。
⑦母親はいいモデルを示すように努力する。頑張りすぎて、話しすぎ
　たり教えようとするとかえってマイナス。また、指示や決めつける
　ような言い方はせずに問い掛けるようにする。

Q：ブッククラブで話し合いの中身を深めるコツはありますか？
A：一般的に、活き活きとした話し合いには、目的ないし方向性の共有、いい問い掛け、熱心な（準備をよくして来る）参加者、お互いの貢献を認めること、納得した結論が得られることなどが含まれると思います。ブッククラブの場合は、どれだけ考えながら読んできたか、どれだけ自分や身の周りの状況を振り返れるか、そしてほかのメンバーに敬意をもって接せられるかが大事となります。

　いい問い掛けが、いい答えや反応を生み出します。メンバー全員が協力して取り組む探究のプロセスを可能にする、と言ったほうがいいかもしれません。それは、一人でするよりも理解や解釈が深くなるし、広くもなります。

....

★1★（Jules Feiffer, 1929〜　）ニューヨーク生まれ。〈Village Voice〉誌に42年間風刺漫画を連載し、独特な視点と感性が評価されてピューリッツァー賞を受賞（1986年）して絶大な人気を得る。また、映画や演劇の脚本家としても注目を集める。後年、家族との触れあいのなかで、子どものための本を書くことを思い立ち、その第一作となったのが本作。

188　パート**2**　具体的なブッククラブの紹介

　参加している娘たちからのアドバイスを四つ紹介しましょう（前掲書、129ページ）。

❶あなたが面白いことを話しさえすれば、みんなが乗ってきます。「あなたの好きな登場人物は誰ですか？」や「どのパートが一番好きですか？」といった質問も効果的です。（アッシリー）
❷もし、あなたが進行役の時は、同じ人に続けて話させないことです。（ブリトニー）
❸母親たちは娘たちに話すチャンスを提供して、最初に答えさせるべきです。そうすることで、誰もがブッククラブの大切な一員なんだと思えますから。（レベッカ）
❹いい質問の一例は、「もし、あなたがその状況にいるとしたらどうしますか？」です。（マヤ）

Q：お嬢さんたちの変化や成長について、どのようなことが見られましたか？
A：いろいろありますが、まずは本を読む力がついたということが挙げられるでしょう。ブッククラブを通して、娘たちは（母親もですが）とても「主体的な読み手」になってきています。主体的な読み手は、例えば次のようなことが頻繁に行えるようになります。

　　①驚いたことや不思議に思ったことを表現できる。
　　②ほかのメンバーに質問できる。
　　③気になったアイディアや文章、そして言葉が書き留められる。
　　④言葉遊びをしたり、風変わりなところを探したりする。
　　⑤現実にあることと関連づけて比較することができる。

　これら以外にも、メンバーの一員という意識の芽生えもあります。ブッ

ククラブは、単に楽しめるというだけでなく、自分が認められ、受け入れられているという感覚を味わえますから、それによって自己肯定感が増していくのです。また、ほかの参加者に聞いてもらえることで、娘たちはいい聞き手にもなっていきます。

　娘たちは、チャンスとサポーティブな環境さえ提供されればかなりのレベルで自分の考えを発表することができますし、その発表能力はどんどん磨きがかかっていきます。周りにたくさんのいいモデルや反面教師となるモデルのあることが、その向上に役立っていると思います。

　発表能力と同じですが、娘にリーダーシップのスキルを身につけてほしいなら、練習してもらうのが一番です。メンバー選びのプロセス自体が、私の娘にとってはチーム・ビルディングを学ばせる絶好の機会でした。もちろん、「チーム・ワーク」と「チーム・ビルディング」の違いも理解できました。後者は目的を達成するために適任者を選出することであり、前者はチームができてからすることです。

Q：ブッククラブを行って、当初の目的だったお嬢さんとの対話はできるようになりましたか？
A：はい、かなりよくなっています。確実に、娘との関係を近づけてくれました。これまでは、会話は関係を維持するか、どちらかの主張に従うかのいずれかの機能しか果たしていませんでしたが、ブッククラブでは、相手に対する敬意、信頼、真実といったことが中心になっていますから、それが二人の日常的な関係にもいい影響を及ぼすようになっています。

　娘たちにとって、家や学校で「聞く」ということは、大人の指示に従うことを意味しています。それに対してブッククラブは、大人に安心して自分の考えを聞いてもらえる場となっています。もちろん、自分がほかのメンバーの発言をよく聞く場にもなっています。よく聞いてもらえることで、自分もいい聞き手になっていくのだと思います。

Q：ブッククラブをすることをほかの人にすすめますか？　また、その理由は？

A：もちろん、すすめます。母親と娘たちのブッククラブを全国に広げたくて、「母親と娘たちのブッククラブ・アメリカ」という団体を設立してしまったぐらいです[★2]。

　母親と娘たちのブッククラブをはじめる際、年齢的な制限はありません。幼稚園の年長組以上ぐらいから可能ですし、上の制限はないでしょう。ただし、娘の年齢に応じて読む体験をそれぞれがどう捉えるかとか、母親と娘の関係にどう影響するかなどが違いますから、それらを考慮する必要はあります。

　すすめる理由は、言うまでもなく楽しいからです。と同時に、得るものが多いからです。娘たちにとって得るものがいろいろとあることはすでに触れましたが、ブッククラブは、私たち母親にとっても同じ価値があると思っています。

　ブッククラブでは、本の内容についてはもちろん学び続けますが、ほかのメンバーと自分自身についても学び続けることになります。本を読むということは確実に自分自身を学ぶこと、と言えます。読んだことを共有しあうことでそれが加速します。

　基本的に、人はその時点での自分のレベルでしか本を読めません。でも、一緒に読むことで、ほかの人たちの理解や話の内容が、自分の理解や読めるレベルを押し上げてくれます。一人だけで読んでいたのではレベルアップが難しいのですが、助けがあることでより容易になります。

　そういう働きがブッククラブにはあるんです。また、自分自身を成長させてくれることに加えて、ほかのメンバーたち、つまりコミュニティーの成長に貢献できるという貴重な機会も提供してくれます。

Q：最後に、ブッククラブについて何でも言いたいことをお願いします。

A：ブッククラブは一緒に本を読み合うところですが、それを通じて、一

第3章　海外のブッククラブ　191

人ひとりの娘たちが成長するというところに最大の価値があります。

＊＊＊

　以下の情報は、先ほどと同じく私が「あとがき」を書こうとしていた時に見つけたものです。今紹介したアメリカの事例に負けず劣らず素晴らしいものです。実は、日本でも母子読書会は盛んに行われていた時期があったのです。

　1967年にスタートし、1970年代にピークを迎え、1980年代に入ると活動を休止するところが増え、徐々に「絶滅危惧種」化していきました。なお、この運動は「地域文庫」と並行して行われていた活動と捉えられます。

　地域文庫とは、個人やグループが、自宅の一部を使ったり、公民館や集会所などの施設を利用して、子どもに本の貸出やお話し会、絵本の読み聞かせなどの活動をしている私設の図書館のことです。

　読書会ではありませんが、児童文学者であり鹿児島県立図書館の館長だった椋鳩十[3]が始めた「母と子の20分間読書運動」も、1年間のテスト期間を経て1960年に正式スタートし、瞬く間に全国へ普及していきました。これは、子どもが小さな声で読み、お母さんが近くで聞くという内容のものでした。

　本が少なく、手に入りにくかった1960～1970年代のほうが、こうした取り組みにおいて熱心であったという事実には驚きます。

★2★著者が本の中で紹介していた団体は見つからなかったが、母親と娘たちのブッククラブに興味のある方は http://motherdaughterbookclub.com/ でたくさんの情報が得られる。
★3★本名は久保田彦穂（1905～1987）といい、図書館館長や大学教授を務めるかたわら、小説家、児童文学作家としてたくさんの作品を執筆した。141ページで紹介されている『大造じいさんとガン』は、現在、小学5年生の国語教科書の教材になっている。

父親と息子たちのブッククラブ（アメリカ）

　ここで紹介するブッククラブは、『Cycles of Meaning ~ Exploring the Potential of Talk in Learning Communities』（Edited by Kathryn Mitchell Pierce and Carol J. Gilles, Heienmann, 1993）の第15章を、表記形式を変えてまとめものです。

　この本は、82ページで紹介した探究型の話し方／インフォーマルな話し方が、学ぶ際にいかに大切かを実践・研究したものです。事例の多くが教室の中でのやり取りなのに対して、ここで紹介するもののみが学校外＝家庭での取り組みでした。「father and son book club」でネット検索すると、たくさんの情報が入手できます。

Q：ブッククラブをはじめたきっかけは？
A：私の妻が、子どもたちは学校以外の場で本についてどんな話し合いができるのかを調査したがっていたのですが、それに息子たちが協力したのがきっかけです。妻は、中高一貫校で司書をしていますが、大学院のコースで課題として調査しなければならなかったのです。

　最初は、子どもだけでやったのですが、あまりいい話し合いはできなかったそうです。妻に言わせると、「互いの発言を積み上げることができず、順番に発表するやり方で、学校での発表の仕方そのもの」だったそうです。

　妻の課題はそれで終わったのですが、子どもたちにいい話し合いをさせたいといろいろ調べた結果、練習とサポートこそが大切ということを突き止め（Grand Conversations, R. Peterson and M. Eeds, Heinemann, 1990, p.8)、父親である私たちに声がかかったというわけです。

　そう言えば、息子たちが学校に入る前は、私も絵本の読み聞かせを結構していました。でも、学校に行くようになってからはピタッと止まっていました。だから、読み聞かせではなく、本を息子たちと読まないかと妻か

ら言われた時は戸惑いましたが、「読み手としてのモデルを示してくれれ
ばいいんだ」と言われたので、そのぐらいならできるかなと思って引き受
けました。

**Q：自分たちのブッククラブの特徴をまとめるとどうなりますか？ また、
どんな本をどこで読んでいますか？**
A：最初は妻の研究としての実験台でしたが、次からは息子と彼の友達と、
その父親二人が楽しんで取り組んでいます。読んでいる本は、息子たちが
好きな冒険ものが多いです。そのほとんどは、妻が推薦してくれるものの
なかから息子たちが選んだものです。自宅でしているせいか、気兼ねなく
続けられています。

Q：具体的な読み方、話し合いの仕方について教えてください。
A：妻からのアドバイスですが、話し合いの時に話したい内容や疑問など
を事前に付箋で印をつけたり、メモにとったりして読み、あとはそれぞれ
が用意してきたことや思い付いたことを自由に話し合うようにしています。
心掛けているのは、父親である私たちが子どもたちに教えるようにしない
で、引き出し役に徹することです。何と言っても、それを妻に求められて
始めたのですから。

　さらに細かいことを言えば、妻には「はい」か「いいえ」で答えられる
ような質問（155ページの写真で紹介されている「いい質問＝太った質問」
の対極にある「やせた質問」ないし「閉じた質問」）や、答える対象を限
定した質問は間違ってもしないように言われました。それらが、学校の授
業でなされる典型的な質問だからです。

　普通は、読んだものの内容について振り返ることからスタートします。
例えば、フィクションの場合だと、舞台はどこか、主な登場人物や気に入
った登場人物は誰か、あらすじや全体に流れる雰囲気、どんな視点を提供
してくれているか、主だった出来事や事件の解釈、そして特に気に入った

場面あるいは目立ったシンボルやアイロニー（皮肉）などを紹介しあうという形ではじめることが多いです。

　これらを、学校で扱うように話し合うのではなく、あくまでも内容を理解するための手段として使います。内容理解につながると思わなければ、あえて扱うことに意味はありませんから。

Q：印象に残っているやり取りがあれば教えてください。
A：『ビーバー族のしるし』（エリザベス・ジョージ・スピア著）を読んだ時の例をいくつか紹介しましょう。この本は、開拓時代のメイン州を舞台に、独りぼっちになった主人公のマット（12歳、男子）がネイティブ・アメリカンと交流する物語です。

　マットが開拓先の小屋に持っていった本は、『聖書』と『ロビンソン・クルーソー』のわずか2冊でした。お父さんがお母さんと妹たちを迎えるためにマサチューセッツ州まで戻っている間、自分の生活の糧を得る手助けをしてもらう代わりとして、自分と同じくらいの年齢のネイティブ・アメリカンの子どもであるアティアンに英語を教えることになったので、2冊のうち、どちらかを使わざるを得なくなりました。

　もちろん、マットが選んだのは『ロビンソン・クルーソー』です。ロビンソン・クルーソーの境遇は、まさにマットが置かれている境遇とアイロニーの象徴的な関係で位置づけられたわけですが、そのあたりのことについて子どもたちに気づいてもらうやり取りは面白かったです。

　また、本のクライマックスは、なかなか帰ってこないお父さんと家族のことを心配して、ネイティブ・アメリカンたちがマットに「自分たちと一緒に移動しないか」と誘ってくれたところです。その誘いに息子たちだったらどう答えるかを問いかけた時も興味深いものでした。

　最初、息子たちは「自分だったら一緒に行ったな」と簡単に答えていたのですが、父親たちが繰り返し問いかけることで（本当にマットの立場にいたら、どう判断するかを問うことで）、そう簡単には決められないこと

を感じるようになったのです。でも、マットが決断したように、「一人になっても家族を待つ」というところまでは至りませんでした。

上記の例と関連しますが、子どもたちとマットは年齢的にほとんど同じなのですが、時代背景的にも自分のこととしてなかなか考えられないようでした。そこで、森の中でたった一人で暮らすことがどんなことなのかを想像してもらうために、みんなでキャンプに行った時のことを思い出してもらったのです。

子どもたちはキャンプを楽しんだのですが、夜の暗さは怖くて、なかなかなじめませんでした。「1週間行って、ようやく最後の日ぐらいに耐えられるぐらいかな」と言う子どもがいたぐらいです。

このように、自分たちの体験と関連づけることで、より身近に感じられることもありました。

Q：子どもと大人の読み方や話し方の違いはありますか？

A：いろいろな違いがあると思いますが、気がついたのは次の二点です。

一つは、子どもたちは細かいことにこだわるということです。マットを置いてネイティブ・アメリカンたちが移動する際、北に行こうとしていたのか、西に行こうとしていたのかをはっきりさせないと、子どもたちは次の話に移れませんでした。私たちにとっては、そんなことはどうでもいいことで、ネイティブ・アメリカンにとって土地をもつという概念自体が存在しないということを私たちは話したかったのです。マットも含めて白人たちは、「自分」の土地や小屋に固執しているわけですから。

そういえば、先ほど『ロビンソン・クルーソー』とマット自身の境遇がアイロニーだと言いましたが、この土地に対する価値観の違いも対照的なものでした。

もう一つは、マットが旅行者を親切に小屋に泊めてあげたにもかかわらず、マットにとってとても大切な銃を盗んでいってしまったのですが、私たち大人は、その男が何らかの形で再び現れるのではないかと推測しまし

た。例えば、ネイティブ・アメリカンに捕まって痛い目に遭うとかです。でも、再登場することはありませんでしたし、子どもたちもそういうふうには考えなかったようです。

Q：ブッククラブをすることをほかの父親たちにすすめますか？　また、その理由は？

A：はい、すすめます。野球やサッカー、チェスなどについては、父親が息子の相手をして繰り返し練習をするという風景をよく見かけます。そのなかで、少なくとも最初のうちは父親が見本になっているわけです。そして、練習を繰り返すうちに、息子が父親を越えていくケースもしばしば見られます。

　しかし、読むことについては、このような父と息子のやり取りがこれまでに行われたことはありません。ブッククラブは、野球やサッカーやチェスなどで当たり前にしていることを、読むことについても可能にしてくれる方法だと思います。

　もちろん、父と息子のペアで読む方法も可能ですが、2人だけだと第三者がいる時のやり取りとは根本的に違ってきます。多くの親たちは、第三者がいるだけで子どもへの接し方がまったく違ったものになるからです。子どもが嫌がる行為、つまり教え込んだり怒ったりすることが、第三者（特に、別の大人）がいることで回避できる可能性が高まります。また、場合によっては、大人同士のやり取りを見本として見せることも可能になるので、ブッククラブを強くすすめたいです。

Q：ブッククラブを実際に運営する人たちへアドバイスをお願いします。

A：何よりも、中心になっている親のメンバーが楽しく、見本を示すような形で参加することです。そうすれば、私たちの場合のように、子どもたちは肌で感じて、自分も参加し続けたいとか、同じようになりたいと思います。

それは、１人か２人のメンバーがリードするということを意味している
わけではありません。話し合いは、全員が同じように発言できるようにす
べきです。そして、言いたいことが言え、聞きたいことが聞ける雰囲気を
つくり出すことが大切です。それぞれの考えていること、感じたこと、疑
問など、それらのやり取りを通じて、みんなが意味をつくり出す作業に協
力しあいながら参加しているという意識をもつことが大切です。

　何を言ってもバカにされることはない、という関係も大切です。それは、
互いが言おうとしていることを尊重し、真剣に向きあおうとする気持ちに
裏打ちされるものです。子どもの立場からすれば、自分が丸事受け入れら
れているという感覚がもてるか、ということです。

　最初に言ったことに戻りますが、読んだことについて語り合う楽しさを
味わってしまうと、もう後戻りをすることはないでしょう。

Q：親が示せる「見本」ということに関して、考えをお聞かせください。
A：見本ということでは、父親が頻繁に本などを読んでいるところを息子
が見て、息子も真似をする形で読みはじめることがあるかもしれません。
あるいは、父親が本棚に並べたたくさんの本を見て興味を示し、自分で読
みはじめることもあるかもしれません。多くの読書家になった人たちは、
たくさんの本のなかに浸ることで、自分で読み進められるようになったの
ではないでしょうか。

　でも、たとえ浸れる環境に置かれても、読むという行為の面白さを味わ
えない子どもたちが多いと思います。そこで、野球やサッカーやチェスの
時に行っている「練習とサポート」の提供が大切なんだと思います。読む
場合の練習とサポートには、面白い本が提供されたうえでの楽しい話し合
いが確実に含まれると思いますし、ひょっとしたら、一番優れた方法なの
ではないかと思います。あなたも試してみませんか。

3 学習サークル（スウェーデン）

　スウェーデンの学習サークル（社会教育）は、以前から紹介したいと思っていました。社会人になってからの学び方を変えていかない限り、日本の社会がよくなっていく可能性がないからです。

　1997年にスウェーデンを訪問して以来、このテーマに関する出版物もこの国では豊富になっています。しかし、日本の社会教育の現状と比較してしまうと、それらの本を読める／必要とする人がほとんど見いだせないという状態が続いています。

　そこで今回は、ブッククラブと関連する部分で紹介することにしました。事例は、1997年と2001年に訪問した時の取材と、「Peer-to-Peer Learning Experiences in Sweden」（by Lotten Westberg, http://www.metla.fi/hanke/3521/symposium/Kuusamo_Westberg.pdf）を参考にしながらまとめました。

Q：どんな学習サークルに参加しているのか教えてください。
A：私たちは全員スウェーデン南部のオスビー（Osby）という村に住んでいますが、全員が森林の持ち主で、林業にまつわる学習サークルを何十年も続けています。それぞれが13ヘクタールから275ヘクタールの森林を保有しており、7人全員が男性です。平均年齢は60歳ぐらいで、一人だけ若いメンバーがいます。

　村の中央にある林業協会の施設の会議室で、毎週木曜日の午後7〜10時に会ってサークルを行っていますが、それは仕事の少ない冬の間だけです。

Q：サークルの進め方はどうしているのですか？
A：毎年、林業に関する新しい本を読み合っています。最近読んだ本は、『The water directive（水利権）』や『Laws for forest owners（林業従事者のための法律）』などで、今読んでいるのは『The forest that we inherited（受

け継いだ私たちの森林)』です。

　順番に声を出して読んでいき、誰かが発言したい時や質問したい時にストップをかけ、メンバー全員が納得するまで話し合うという単純な方法をとっています。要するに、その場で読んで、その場で反応するというやり方です。

　メンバーでない人が聞いたら、取りとめのない話をしているように聞こえるかもしれません。本を読んでいて、誰かがひらめいた考えや質問について話し合っているだけですから。でも、事前に読んでくるわけでもない環境で私たちは貴重な情報交換をしていますし、林業に関する現状把握もしています。例えば、以下のようなことです。

> ①林野庁（国）の地方事務所が提供するサービスはますます先細りであること。
> ②林業協会などが発行する各種証明書の手続きに関すること。
> ③当局の施策や決定が、いかに小規模の林業従事者のためになっていないかということ。
> ④それに対して、大規模所有者や企業は当局に圧力をかけることで自分たちに損のない決定が下されるようにしていること。
> ⑤需要と供給、主な買い主、価格などの情報。
> ⑥次の世代にこの仕事を引き継ぐことの難しさ。

Q：学習サークルに参加し続けている理由は何ですか？
A：同業者の仲間意識が一番大きな理由だと思います。数が少なくなりつつある同業者との関係を大切にする場になっています。相互に興味のあることについて、言いたいことが言え、聞きたいことが聞けるとてもリラックスした雰囲気になっています。

　私も含めて、誰もアドバイスをもらおうなんて思っていません。もちろん、ほかのメンバーがどういう考えをもっているかについては聞きますが、

判断するのは自分です。とはいえ、より良く判断するために、ほかのメンバーの考えや疑問や経験を聞くことはとても役立ちます。

　また、より効率的かつ効果的に林業を営むために必要とされる知識やスキルにはどんなものがあるのかも気づかせてくれますし、場合によっては、それらを身につけるための手助けになることもあります。

　さらに、ちょっと大げさになるかもしれませんが、学習サークルは自分が林業者であるというアイデンティティーを強固にしてくれている場であるとも言えます。スウェーデンを含めて、先進国で小規模林業者として生き延びるのはなかなか難しいご時世ですから。

Q：学習サークルは「同業者の勉強会」だと思ったのですが、このような捉え方でいいのでしょうか？

A：はい、その捉え方で間違いありません。スウェーデンの学習サークルの歴史は古く、もう100年以上になります。貧しい人たちに夜学で学ぶ場を提供したのがはじまりです。その後、この制度は整備され、毎年32万以上のサークルが活動しており、290万人が参加していると言われています。この数字は、スウェーデン人の５人に１人が学習サークルのメンバーになっているということを意味します。

　今のスウェーデンの制度では、５人が集まってグループをつくり、11ある全国組織の学習協会のいずれかに登録すれば「学習サークル」として認められ、学習活動にかかる経費の80〜90％を、国、郡、市町村から補助金の形でもらえることになっています。これは、政権が代わっても続いています。

　11の学習協会には、労働組合運動の流れを組むもの、農業協同組合の流れを組むもの、教会の流れを組むもの、スポーツや平和や女性や環境運動など様々です。多くの人は文化や趣味のサークルからスタートしますが、その後も継続してサークル活動に参加する人が多く、３人に１人の割合で地域の活動や政治に関心をもちはじめるという数字が出ています。

Q：学習サークルでの学び方を整理していただけませんか？

A：基本的に、学習サークルは講師を連れてきて話を聞くのではなく、参加者が自分たちの共通のテーマを設定して、それについて参加者が互いに教え、学び合うというアプローチをとっています。サークルに参加する各自の知識や経験がベースになっていると同時に、それらを共有しあうことでお互いに励ましあって学んでいます。

　この形態は、大人が学習する理想的な形であると言われていますが、それは次のような理由からです。

❶参加者こそが主人公で、参加者の主体性を重んじています。リーダーや[★4]たまに登場することになる専門的な知識をもった講師も、補助的な存在でしかありません。しかしながら、リーダーの存在はサークル活動を効果的に展開するためには不可欠であり、リーダーの能力がサークル運営を左右する部分も多分にあります。リーダーとなる人たちは、サークルのメンバーをサポートするための十分な研修を受けていなければなりません。

　サークルが求めれば、リーダーを派遣してもらえるように学習協会に依頼することも可能です。私たちのサークルは、歴史が古いので会の進め方も定着しており、特にリーダーを必要としていません。ある意味で、すでに「自立している学習サークル」と言えます。

❷参加者が対等な関係で、民主的に協力して学ぶ場となっています。これは、少なからず、スウェーデンの政治風土をつくり上げることに貢献していると思います。

❸特に私たちのサークルがそうですが、参加者の興味・関心や職業によってテーマが設定されているだけでなく、日常生活のなかで活かせるものにすることを目的にしています。

★4★リーダーは、学習サークルには所属していない外部の人。ファシリテーターと言い換えたほうが分かりやすいかもしれないが、スウェーデンや英語圏ではしばしば「リーダー」という言葉が使われている。

❹継続性を大切にしています。私たちの場合は、無理をせずに、冬の農閑期に実施しています。

❺メンバーの学歴や経験に大きく左右されることがありません（あるいは、極めて少ないです）。これは、参加者が対等であるということとも関係しています。

❻創造力や批判的思考力（現状をあるがままに受け入れるのではなく、絶えずより良いものを求めるための思考力）をかきたてる形でサークルが運営されています。この精神はかなり大事だと思います。その理由は、新しいメンバーが入ってくるわけではない閉じたサークルのなかで、マンネリ化することを防いでくれてもいるからです。

そういえば、もう一つありました。ユーモアもとても大切です。

*　*　*

「あとがき」を書こうと資料調べをしていた時、191ページで紹介した鹿児島県の「母と子の20分間読書運動」のスピンオフの産物として「農業文庫」というのがあったことを知りました。読書には楽しむためと利用するための二種類があり、人間が生きていくうえでは後者のタイプの読書も軽視できないということで、椋さんがつくったものの一つのようです。

それは、部落ごとに、養豚やサツマイモなど同じ種類の農業をやっている人々にグループをつくってもらい、自分たちのグループに必要な本を、時を決めて読み合うというものです。県立図書館の役割は、そこに適切な本を提供すること、そして読み合いの場に農業普及員や技術者連盟の誰かが行って、質問や相談にこたえることまでセットにしたそうです。

その結果、「続けてやっているところは、相当な効果を、産業のうえにもあげているようである」と椋さんは書いています。（『合本・母と子の20分間読書』98〜107ページ）

スウェーデンで行っていることと似たようなことが、鹿児島でも起きていたということです。とはいえ、根付き方はかなり違うような気がします。

パート

3

ブッククラブの
運営方法

「まずは、本についての話し合いがメンバー間
の関係を深めます。二つ目は、本を好きにさせ
てくれます。三つ目は、読む力や批判的思考力
を磨いてくれます。そして、四つ目としては、
自分が認められ、聞いてもらえる場が提供され
ているということが挙げられます」
（母親と娘たちのブッククラブのメンバー・母親）

第1章 つくり方

　ブッククラブを自分でつくって運営する時も、すでに存在するブックク
ラブに参加する時も、考慮することは大きくは変わりません。基本的には、
５Ｗ１Ｈ（なぜ？　誰が？　いつ？　どこで？　何を？　どのように？）
を明らかにすればいいのです。それらを明確にすることで、ブッククラブ
のなかでの自らの優先順位がはっきりします。

　言うまでもなく、既存のブッククラブに参加する場合はそれらのことは
すでに決まっていますが、自分でブッククラブをつくる場合は、自ら、あ
るいは仲間と一緒にそれらをつくり出すことになります。

　なお、本章では、５Ｗ１Ｈのうち「なぜ？」と「誰が？」のみを扱うこ
とにし、「いつ？」と「どこで？」は第２章、「何を？」は第３章、「どの
ように？」は第４章と第５章で扱っていくことにします。

1 なぜ？

　「なぜ」は、そのブッククラブの存在理由、目的、目標、期待などに関
係します。本を楽しく読むことや語り合うことが目的として位置づけられ
る場合もあるでしょうし、それが何かほかのことを実現するための手段と
して位置づけられる場合もあります。またこれは、残りの４Ｗ１Ｈを決定
づける最も重要な要素ともなります。

　「パート２」で紹介した事例は、いずれも明確な目的や目標をもとにブ

ッククラブを行っている例となるものです。

　目的を達成するためには、メンバーの顔ぶれや人数、やり取りをする頻度、集まる場所（集まらないという選択肢もあります）、何を読んで話し合うのか、そしてどのように話し合ったり、反応しあうのかなど、決定づけられる部分が多分にあります。その意味では、「なぜ？」と残りの諸要素は切り離せない関係であると言えます。

2 誰が？

　誰がメンバーを構成するのかによって、そのブッククラブの性格や目的を決定づけることになります。以下の表に掲載した多様な可能性が考えられますが、これがすべてというわけではありません。これら以外を対象としてブッククラブを行っているという方がおられましたら、ぜひ教えてください（pro.workshop@gmail.com）。

　ブッククラブの構成を考える時に大切なことは、対象の特性だけではありません。ほかにも、人数、対象内の異質性などがあります。特に、人数

表13　ブッククラブの対象

・友達 ・家族 ・母娘 ・父息子 ・学校、大学の同僚 ・同窓生 ・仕事仲間 ・職場で馬の合う人たち ・職場で仕事の一部として ・近所の人たち ・引っ越してきたばかりの仲間	・子育て中の母親仲間（父親仲間） ・定年者 ・図書館、本屋、喫茶店に集う人たち ・文学やその他のジャンルに興味のある人たち ・特定のテーマに興味のある人たち ・勉強会／研究会の参加者 ・研修会の参加者 ・不特定の人たち（オンラインの場合）

というか規模はとても重要です。会って話し合う場合は 6 〜 7 人がいいようですが、メンバーが確実に毎回参加できるわけではないので、集まりが悪いことを想定して10〜12人ぐらいの規模を設定している場合もあります。

　集まったメンバー全員が輪になって話し合うこともできますが、慣れないうちやより多くの参加者が発言することに価値を見いだすのであれば、8 人以上の時は二つのグループに分かれて話し合うことをおすすめします。言うまでもなく、一人当たりの発言の機会が多くなるからです。

　構成メンバーによって話される内容は異なりますが、そんなに大きな差はありません。これまでの習慣から、「全員が輪になって」あるいは「ロの字型」で話したくなるでしょうが、ぜひこらえて、少人数での話し合いを試してください。何よりも、これなら司会を設ける必要がありません。

　仮に、8 人以上で司会なしで話し合えるというのであれば、かなりのレベルの参加者たちが参集していることになります。もちろん、両方を試してみて、自分たちでどちらがいいかを判断されても結構です。

　人数と同じレベルで、メンバーの異質性（バラエティー）も大切です。多様な見方や意見が出たほうが、似たような考えばかりが出てくるよりは刺激的です。異質性の最大のものといえば男女でしょう。混合のグループが望ましいです。

　また、年齢や立場の違いも異質性の大事な要素となります。ただし、年齢や立場に違いがある場合は、相互の関係を対等にする努力が必要になります。上下関係を引きずったままでは、言いたいことが言えるコミュニケーション空間をつくることが期待できず、奥歯に何かが詰まったような形での運営を迫られることになりますから、メンバー全員にとっても決して好ましい環境とはなりません。

　学校内でブッククラブをする場合にも、このことは考慮する必要があります。その際は、上下関係というよりも読みのレベル（読書力）を考慮してグループをつくる必要があります。たとえ興味や関心が同じでも、読みのレベルが違っていると対等なコミュニケーションが難しくなります。

208 パート *3* ブッククラブの運営方法

　ブッククラブに参加するメンバーに求められる資質として、以下のような六つの特徴があります。

　❶読むことに興味がある（ない場合は、扱うテーマへのこだわりが人一倍ある）。
　❷ある程度の読む力をもっているので、読むことや話し合うことを楽しめる。
　❸同年代／同世代である（テーマや目的によっては、あえて異世代を含めたほうがいい時もある）。
　❹メンバーの一員として振る舞える最低限の社会的スキルをもっている（もちろん、それを磨くことを目的の一つとして会が設定される場合もある）。
　❺話し合うことに積極的である（メールの場合は、書くことをいとわないという姿勢）。
　❻様々なバックグランドや体験などをもっている。また、それらに裏付けられた異なる視点や考え方をもっている。

　就学前の5歳児から80代、ひょっとしたら90代の人までを対象にできる活動というのはそう多くはないと思います。絵本や詩などを扱おうものなら、そのすべての年代を一緒にした話し合いも不可能ではありません。

209

第2章
時間と場所の設定──準備および初回の大切さ

　「いつ」、「どこ」で会うかは、ブッククラブの成否を握っていると言えます。メールによるオンラインのブッククラブは、ある意味でこれらの困難な問題を解消すべく生まれた方法です。

　まず時間については、月に1回（特定の日時に）2〜3時間程度というのが最も一般的です。なお、この時間には、本について話している以外のソーシャルな部分や、飲んだり・食べたりの時間も含まれています。また、基本的には毎月ですが、参加者にとって忙しいシーズンは除いて、年に8〜10回というところが多いです。

　ソーシャルな部分や飲んだり・食べたりの時間と、本についての話し合いの時間を明確に分けるかどうかは、それぞれのグループの判断によります（「パート2」の事例1と2は対極の例です）。また、どこで会うかは、そのブッククラブの性格というか目的によって変わってくるでしょう。会議室、喫茶店、個室もあるようなレストラン、そして各人の家など、食べ物や飲み物をどうするかによって場所の判断を決めていきます。

　いずれにしても、115ページにあったように「サロンのようなカンフォータブルな空間」というか、創造的になれる場所が求められます。それ以外にも、107ページや186ページの事例のように、開催場所を固定せずに頻繁に変えるという方法もいいのではないでしょうか。

　「パート2」で紹介した「母親と娘たちのブッククラブ」（183ページ）は、初回が何よりも大切と位置づけて、周到な準備をしました（The Mother

食事をしながらも、中心は本の話

-Daughter Book Club, by Shireen Dodson の第3章参照)。初回に関しては、楽しんでもらうことが何よりも大切と考えて、パーティーの雰囲気をつくって実施しました。それも、きれいな招待状を送付したようです。

　初回のメインイベントの一つは、自分たちの会の名前を考えて、実際に決めていく過程でそれぞれの参加意識を高め、会の一体感を築きました。

　初回の集まりをもつ前に、実は数人の母親で作戦会議も行ったそうです。そこでは、メンバーが互いに知りあうためのアイスブレーカーを決めたり、最低限決めておいたほうがいいことについて話し合われたのですが、これらは初回の集まりで実際に行われました。ちなみに、アイスブレーカーとしては、娘が母親を、母親が娘を紹介するアクティビティーを行いました。[★1]

　ブッククラブは話し合うことが目的なので、ルールのようなものはほとんど必要ありませんが、「母親と娘たちのブッククラブ」の場合は以下の

ようなこと決めたようです。

❶クラブの目的。
❷読むこと以外のメンバーの責任（役割）──楽しんで参加する、準備して参加する、原則として休まないなど。
❸会運営のコーディネーターの選定。
❹集まる日と時間の設定。
❺本の選択──最初の２〜３か月分を決める。
❻ホストの役割──各家庭を順番にめぐるので、必要最低限の会の進行と飲み物と簡単な食べ物の用意をする。
❼ブッククラブ用の本の読み方についての説明。

「本の選択」のためには、事前に読む可能性のある本のリストづくりを何週間もかけてやっていたそうです。また、最後の「ブッククラブ用の読み方についての説明」は、娘たちはもちろん、ほぼ全員が初めての体験なので、次のような説明をしたそうです。要するに、読んだあとには話し合うことを前提にした読み方をするということです。

❶本に書き込みながら。
❷付箋を貼りながら（付箋に書く時も）。
❸特に大事なところは本の端を折りながら。
❹章の終わりに、キーワードないし文章を書きながら。
❺著者への質問を考えながら。
❻読書ノートをつけながら(ウェブや図や表などにすることも含めて)。
❼インパクトのあったところは音読して読む。

★１★ほかの方法としては、「３つの本当、一つのウソ」、「最近、各自に起こったいい出来事の紹介」など、拙著『会議の技法』の48〜55ページを参照。

212　パート**3**　ブッククラブの運営方法

　最後に、ブッククラブ用の読み方とそのあとの話し方は誰でも身につけられるスキルであることが強調され、「練習することで上達していきます」と言って安心してもらったようです。

　もし、教師が教室で子どもたちを対象にブッククラブを行う場合は、「パート2」の事例2（111ページ）で紹介した先生たちのように、事前に自分たちでブッククラブを体験してみることをおすすめします。決して、長い本を1冊読む必要はありません。絵本や詩やエッセイや短い短篇小説などを使って、その場で読みます。その際、話し合う段階で共有したいところを2～5か所選んでもらいます。

　また、話し合いをはじめる前には、観察者を選んで自分たちの話し合いに対して、あとで客観的なフィードバックをしてもらえるようにします。そして、実際に話し合ったあとには、まずメンバーが互いに振り返り、そのあとで観察者が発見したことや気づいたことを語ってもらいます。

　なお、可能なら1回だけでなく数回やってみるほうがいいでしょう。それも、子どもたちがするブッククラブと同じように、自分たちにとって価値のある本を扱うようにしましょう。その際、観察者も毎回変えると貴重な体験が得られるはずです。参加している時とは違ったものが確実に見えるからです。

第3章
本の選び方

　本の選び方は、５Ｗ１Ｈの「何を？」に当たりますから、とても重要です。毎回の集まりや、準備として読む際に得られる楽しさや収穫などが、その選択にすべて左右されてしまいます。

　まず大切なことは、自分たちが読む本を楽しみながら探すという姿勢です。楽しければ、そのために費やす時間やエネルギーも億劫になりません。また、様々な人に出会えるという楽しみもあります。180ページで紹介したファリーナ校長先生を思い出してください。確実に言えることは、自分たちが読むに値する本はたくさんあるということです。また、それを見いだす情報源も存在するということです。

　私自身が参考にしている情報源としては、**表14**のようなものがあります。

表14　いい本探しの情報源　（×ほとんど使わない、△たまに使うことはある、○確認するのに結構使っている、◎頻繁に使っている）

情報源	使用度
著名人による書評	×
新聞、雑誌などメディアによる書評	×
図書館の司書や本屋さんに尋ねる	×
ユーザーレビュー	○
ネットの書評	△
身近な頼れる人のすすめ	◎
タイトルや表紙デザイン	×
試し読みして	○
芋づる式	◎

214　パート **3**　ブッククラブの運営方法

　最後の「芋づる式」ということについて説明しておきましょう。いい本というものは、往々にしてたくさんのいい本を参考にして書かれているものです。ですから、それらの本を選択することさえできれば、芋づる式にたくさんのいい本に出合えるということです。

　これは、参考文献を明らかにしてくれるノンフィクションに多く、フィクションの場合は明記されていない場合が多いかもしれません。もちろん、例外もありますので、いい本の最後のページを確認してください。

　いずれにしても、いい本に出合えさえすれば、その著者のほかの本や関連する本に導いてくれるわけですから、極上の楽しみとなります。そんな本の1冊が私にとっては『ギヴァー』です。すでに10年近くこの本についてのブログを書いており、関連のある本として紹介した冊数はすでに200冊を超えています。これは、「ブッククラブ」とは言わずに「ブック・プロジェクト」と言っています(『リーディング・ワークショップ』の第12章参照)。

　上記のように、様々な情報源を通してブッククラブで読む本の候補リストができあがると、次の問題はそのなかからいかに選択するかです。決める際の方法は以下のようにいくつかあります。

❶最低でも、メンバーの一人が読んでいる。
❷少なくとも二人のメンバーが強くすすめる／「読んでみたい」と主張する。
❸1人でも強く反対を投じた本は候補から除外する。
❹候補から投票で高い順番に選ぶ。
❺テーマを決めて選ぶ。

　以上のように、民主的に選ぶ方法とは別に、順番制の幹事が読みたい本というか、これまでの流れなども考慮して「いい本」と思えるものを選び、全員が「我慢することも含めて」読んでいる会もあります。この選び方だ

と、自分では絶対に選ばないような本を読むことになるというメリットもあります。まさに、「パート2」の106〜107ページで紹介した元「チームSANTa」が実践している「広角打法」的な選書法です。

いずれの方法でもかまわないのですが、まずは選書方法を決めておくことが大切です。なお、いずれの場合でも（メールでのブッククラブも含めて）、読む本を選ぶ際のヒントになることとして言えるのは以下のようなことです。

❶質の高い読み物か？（内容面も、書かれている文章も）
❷いい話し合いを引き出せるか？（多様な解釈ができる、新しい視点や多様な視点が得られる）
❸対象（のレベル）にあっているか？
❹批判的な読み手を育ててくれる内容か？
❺多様なテーマ（内容）、作家、ジャンルに目を向けているか？
❻自分自身が読む（読み直す）のを楽しめるか？
❼メンバーが本を理解するための知識や体験をもっているか？
❽会の目的に合致しているか？
❾入手しやすい本か？

最後に、どれぐらい先まで選書しておいたほうがいいかということですが、メンバーが本を入手することを考えて、2〜3か月という期間が余裕をもてていいかもしれません。あまり先まで読む本を決めてしまうと、柔軟に対応できないというデメリットに直面することもあります。

なお、メールによるブッククラブの場合は、1冊の本を一つのプロジェクトと位置づけることが多いので、1冊の本を読み終わった段階で振り返り、よかった点や改善すべき点なども検討したうえで、次はどの本を読むかを相談しあっています。

216 パート *3* ブッククラブの運営方法

第 **4** 章

話し合いの仕方

　ブッククラブの特徴は一緒に本を読み合うことですが、各自が読んだことについての反応を共有しあうことで参加者一人ひとりが成長する（のを助けあう）ことこそがブッククラブの最大の価値と言えます。その価値ある時間の前か後には、本の内容以外のことについても情報交換できる時間を確保するようにしましょう。

　言うまでもなく、これも貴重な時間ですが、本についての話し合いとソーシャルな話し合いは明確に分けてください。それぞれにかける時間は、各グループが協議して決めてください。

1 話し合いの進め方

　扱う本にもよりますが、基本的には45分～１時間半ぐらいがよいでしょう。進め方は、シンプルさを心掛けるようにしましょう。その理由は、やり取り自体がとても複雑になったり極めて創造的になるため、進め方自体は単純なほうがいいです。

　また、話す項目や発言の順番を決めるといったフォーマルな形ではなく、話が行ったり来たりすることも含めて柔軟かつオープンに、そしてインフォーマルに進めることをおすすめします。もちろん、過剰に行ったり来たりして混乱してしまうと意欲を削ぎますから、避けるようにしてください。

　要するに、言いたい時に言える雰囲気がとても大切だということです。

それには、言いたくない時は言わないでいいという選択肢も含まれています。必ずしも、発言している時だけが参加しているのではなく、じっくりと聞き、そして考える形でも十分に参加・貢献できるからです。逆に、そのほうがはるかに創造的になれることもあります。

また、頑張りすぎて話しすぎたり、ほかのメンバーに教えようとする（ほかのメンバーを受け身にさせる）よりも、問いかける形でメンバーに主体的に考えてもらうほうが望ましいことを全員が理解し、かつ実行できるように努力しましょう。

最初は、誰かが最も話し合いたいこと（興味をもったこと）を紹介し、そのテーマについて話し合います。ほかのメンバーは、あらかじめ自分が用意してきた付箋やメモのなかに関連するものがあれば、それを紹介しながら発言していきます。

とにかく、そのテーマについて興味がもてる間は話し続けることがポイントです。それをする間に、そのテーマが深まったり、広がったり、場合によっては新たな展開を生み出すこともあります。

一般的に、多くのメンバーにとっても面白いテーマや価値のあるテーマは長く続き、メンバーが探究することに参加したためにテーマ自体が深まったり、広がったり、新しい意味や解釈がつくり出されたりしますが、そうではないと判断されたテーマは短い時間で次のテーマに移る傾向があります。

一つのテーマが一段落したら、次の人が自分にとって最も興味をひいたテーマを紹介する形で展開していきます。もちろん、誰かがあるテーマに強いこだわりをもっている場合などは、その人が繰り返し投げ掛けてくるために再び話し合うことを余儀なくされます。

このこと自体は、いい場合のほうが多いようです。改めて行うやり取りが、こだわりのテーマの捉え方や理解を違うものに変えてくれる可能性が高いからです。

人数が多い場合は、持ち時間３分とかで、全員参加型で各自が本を読ん

での感想を一つから三つぐらい順番に紹介していくという方法もとれます。一巡するころには、どんなテーマについて全体として話し合うことがいいのかという共通項が見えてくるはずです。

　なお、この方法をとる時、まだ慣れないうちは各自が発言したキーポイントを大きな紙かホワイトボードに書き出して、あとで確認できるようにしたらいいかもしれません。これは、何を話し合うかを明確にしてくれるだけでなく、メンバーの満足度や達成感を高めてくれます。

　先ほど「柔軟かつオープンに、そしてインフォーマルに進める」と書きましたが、基本的には１巡目の発言から出されたテーマのなかから一つずつ順番に話し合いを行っていきます。あちこちに飛んでしまうと疲れてしまいますから、そのための「進行係（ファシリテーター）」的な役割を担う人が必要かもしれません。

　メンバーのなかに著者や関連の本などについて話せる人がいる場合は、２巡目に「講演会ではなく情報提供のレベル」で紹介してもらうといいでしょう。そうすることで、メンバー全員が著者の背景や目論見などといった広い知識が得られることになります。

　しかし、それをどれだけ受け入れるかということと、自分たちの印象や感想や疑問などを考え出すことはまったく別です。あくまでも、大切なのは後者です。

　後者のことを行うために、全員がよく読んで、質問や話したいことを事前に準備してくることがとても大切です。それをしっかりやってもらうために、１週間前に注意を喚起するメールを送付し、話し合いの質が事前の読みにかかっていることを促しましょう。

　もちろん、全員が事前に読んでしっかりと話し合いの準備をしてくるべきなのですが、場合によってはそれができない人もいるでしょう。全部ないしほとんど読んでこなかった人もブッククラブに参加してよかったと思えるようにすることは、読んでこなかった人も含めて参加者全員の役割となります。

第4章 話し合いの仕方　219

　それはさておき、国語の世界では現在でも作者の意図が大手を振っているようですが、ブッククラブではあまり重視されていません。あくまでも、読んで自分が考えたことや解釈したこと、そして疑問に思ったことなどを大切にしています。

　その理由は、このような形で話をしていくと、自動的に作者の意図も含まれるからです。しかし、国語の授業のような形で進めていくと「正解当てっこゲーム」になってしまい、楽しくありません。

2 いい話し合いに必要なこと

　いい話し合いには、目的というか方向性、そしていい問い掛けが必要です。もちろん、積極的なメンバーの参加とそれぞれの貢献を認め、満足感が得られる終了の仕方も大事です。それは、ブッククラブのために注意深く読むことと、事前に何を話したいのかをしっかり考えることで可能になります。

　なかでも、いい問いかけの大切さは強調してもしすぎることはないでしょう。いい質問がいい反応を導くだけでなく、探究型の話し合いをもたらしてくれるからです。

　好奇心、問いかけること、そしてよく聞くことはいい話し合いのための「エンジン」と言えるでしょう。ある意味では、極めて常識的なことですが、この当たり前のことが会議やミーティング、授業、研修、仕事などでできていないのです。31ページや152ページで紹介したように、いい話し合いをするための要素を出しあって、たまには振り返ることが、成長しながら（改善しながら）ブッククラブに取り組むためには必要です。

　ブッククラブのためのいい話し合いのポイントを整理すると、以下のようになります。

❶ よく準備して臨む——しっかり読み、かつ話したいことをメモしてくる。

❷ みんなが見られるように座る——自分たちが話しやすい場所を選んで座る。

❸ 全員が参加できる形ではじめる——最初は1巡、2巡と全員が短く発言できるようにする（パスも可）。

❹ 話している人を見て、分かるように聞き、分からない時は質問をする。

❺ 大声でなく、はっきりと話す——必要に応じて根拠を提示する。

❻ ほかの人が話し終わるまで発言をしない——一人しか話さない／順番に話す。

❼ 自分が話したい時はタイミングを見計らって話す——合図が必要な時もある。しかし、手を挙げての発言は原則にしない。

❽ ほかの人にも発言を促す——発言しすぎる人がいる場合は遠慮を促す。

❾ 互いの発言を積みあげていく——焦点をあてて話し合う（脇道にそれない）と同時に、ペース配分をしながら話を進める。

❿ 発言者のアイディアをばかにせず尊重する——賛成できない発言も、まずはよく聞いたうえで穏やかに異なるアイディアを提示する（問いかけたほうがより効果的な場合もある）。

⓫ 必ずしも正解は存在しない、という態度で臨む——どのような意見にも価値があり、ほかの人たちの学びに貢献する。

⓬ 自分の発言や考えに固執せずに、話し合いから学ぼうとする——反応を共有することは、学ぶためにも読むことを好きになるためにもいい方法。

⓭ 話し合いの内容と方法の両方を振り返り、次の話し合いのために少しでも改善する——次の会や読む量を確認する。

第4章 話し合いの仕方 221

3 話し合う中身

　話し合う中身は、メンバーが準備段階の読みを通して気付いたこと、考えたこと、話したいと思ったことなら何でもよく、制約はありません。自由で多様なほうが話し合いは盛り上がりますし、発見や気づきも多いはずです。もし、多様な発言が出ない本であった場合は、選書ミスと言わざるを得ないかもしれません。

　参加メンバーから発言がなかなか出てこない場合は、以下のような投げ掛けをしてみてください。

- 特に面白いと思ったところは？
- 読みながら考えたこと／考えさせられたことは？
- 疑問や質問は？
- 特に気をひかれた登場人物は？
- いつ、どんなところ（世界）が描かれているのか？
- キーワードや使われている象徴と、それらが意味するものは？
- ほかの本との違い？　似ている本や関連する本は？
- 自分や自分たちの生活や社会と比較してみて、似ている点や違う点は？
- どんなテーマを扱っているのか？
- 作者が主張したいことは何か？
- 誰の視点で書かれているのか？

　以上はフィクションを念頭に考えましたが、ノンフィクションでも使える質問も含まれています。ノンフィクション用として加えると、次のような項目が挙げられます。

- 学んだこと（新しい発見）は？
- 改めて気づかされたことは？
- そのまま、ないし応用して、すぐにでも試してみたいことは？

　これらは、あくまでも例です。155〜156ページで話し合いを深めるためのコツが紹介されていますが、メンバーが相互にいい問いかけができるようになると、話し合いの中身はどんどん深まっていきます。

ファシリテーターや教師の役割

　話し合いを円滑に進めるために、ブッククラブではファシリテーターが、①公式に存在する場合、②非公式に存在する場合、③まったく存在しない場合があり得ます。参加メンバーの多くがまだブッククラブの話し合いに慣れていない時は①か②が必要ですが、徐々に慣れるに従って③に移行していくことが望まれます。

　90ページで紹介した指揮者のいない四重奏を思い出してください。そのほうが、全員が対等な立場で、かつ主体的に話し合いに参加できるからです。民主主義の練習のための話し合いとしても、それが断然ベストです。

　ファシリテーター（進行役）の役割には以下の五つがあります。

❶話しやすい雰囲気をつくり出すこと。
❷話し合いを円滑に進めること。
❸話し合いに全員がほぼ均等に参加できるように機会を割り振ること。
❹話されるべきテーマをすべてカバーする形で、参加者の満足感が得られるように話し合いを終了させること。
❺次回の話し合いをさらによくするための振り返りを行い、次回への確認も行って会を終わらせること。

言うまでもなく、ファシリテーターを置かない場合はこれらのことをみんなで協力して押さえる必要があります。

　ファシリテーターは、ゲームがスムーズに進行するようにサポートするレフェリーのような存在です。間違っても、レフェリーがゲームの主役になってはいけません。あくまでも、主役はプレーヤーたちです。

　ブッククラブでは、ファシリテーターが一番発言してしまうと困るということです。あくまでも、メンバーが主役で、ブッククラブのファシリテーターは脇役でしかありません。

　以下では、『リーディング・ワークショップ』（ルーシー・カルキンズ著）のなかで紹介されている主だった教師の役割を紹介します。これらは、対象を小・中学生に限定せず、大人の世界でも使えるものばかりです。まず何よりも、「どうすればブッククラブが自分（たち）の成長を助けるようなものにできるのか？」を問い続け、メンバーに考え続けてもらうことが強調されています（同書、227ページ）。

　そして、大人ですら事前に考えてきたことを順番に発表しあうことに終始しがちなのを、テーマを絞って積み上げていくような話し合い（つまり、自分たちならではの意味をつくり出すような話し合い）をするようにサポートしていきます。それは、単に指示するだけではできないので、信号のない交差点の交通整理をするような感じでモデルを示していきます（同書、150〜155ページ）。

　また、本の内容から外れてまったく関係ない話し合いに紛れ込んでしまうこともありますから、本の内容に基づいた根拠のある発言を促すことも大切な役割となります（同書、161〜167ページ）。焦点を絞った話し合いにも、根拠に基づく話し合いにも、事前に読む時に付箋を貼ったり、メモを書き出すことがとても有効であることを示していきます（同書、196〜199ページ）。

　なお、全員がよく聞き、よく見て話したり、順番で話すといったことが

できていない場合には、ペアで話すことがとても効果的となります。二人なら、いずれかが話し、もう一方は聞くしかありませんから（同書、179～180ページ）。

　もし、自分の当初の考えに固執してなかなか解釈を変えられない状況にあることを感知したら、第一印象に固執することなく、解釈はどんどん変わっていくものだし、常に自分の理解を確認しながら必要な修正をすることも教えていきます（同書、187～188ページ）。

　さらに、子どもたちが本の具体的な箇所を引用できるようにサポートしていくことは、議論をし、質問をし、複数の解釈ができるような環境をつくっていくことでもあります。これが活き活きとしたものになるためには、自分の言おうとすることをきちんと伝えながら、反対意見を述べるにはどうすればよいのかということを学んでいく必要があります。つまり、「反対する時のエチケット」のようなものが存在するということです（同書、165ページ）。

　最後になりましたが、ファシリテーターや教師に求められていることは、よき読み手、よきブッククラブの参加者を見本として示すことのような気がします。つまり、みんなが「あのようになりたい！」と思えることです。その意味では、ブッククラブのなかにメンバーの一人として入って、一緒に話し合いながら見本を示していくことが最も効果的な方法と言えます。

5　会の活性化の仕方

　最後に、「会が停滞しているな」と感じた時に試してみるとよい様々な方法を紹介しておきましょう。

❶作家・翻訳者を招待する（格安で来てくれるかも？）。
❷本が原作の映画やテレビドラマなどを鑑賞する。

❸有名な俳優のなかから登場人物の配役を考える（❷がある場合は、それを観る前にしておいたほうがいいでしょう）。類似したアプローチとしては、本にあったテーマ音楽や背景写真をそれぞれが持ち寄って紹介しあうという方法がある。

❹自分たちで実際に演じてみる（台本読みぐらいのレベルで可）。それぞれの解釈の違いが表出して面白い。

❺開催場所を変えてみる。

❻食べ物や飲み物を用意する／変える。

❼たまにはブッククラブをせずに、それ以外のことを一緒にしてみる。

❽輪を広げる（メンバー以外を招待する）。

❾関連する2〜3冊の本を読む。

❿話し合いを活性化するためのアイディアを自分たちで出しあい、実際に試してみる。

⓫おすすめの絵本や詩を持ち寄って紹介しあう。

⓬詩や絵本や短編を使って、その場で読んで話し合う。

⓭お気に入りの本を持ち寄って紹介しあう（そのなかから、ブッククラブで読む本を選択してもよい）。

⓮観察者および記録者を設定し、話し合いの内容と方法を改善・記録し続ける。

⓯金魚鉢（175ページ参照）をして、自分たちの話し合いのいい点と改善点を見極める。

⓰そろそろ自分たちの会の寿命が来たことを悟り、「これまでしてきたことでよかったこと」と「会が停滞している要因」を出しあい、後者が前者を上回ると判断した場合は素直に会を閉じる。そして、それが新たな会をスタートさせるチャンスと捉える。

第5章

振り返り／評価

　最終章では、「評価」について説明していきます。ここでは、主に学校や大学でのブッククラブを念頭に書いていきます。

　「振り返り」や「評価」というと、成績やテストの点数やレポートの提出と思われがちですが、そう捉えている限りは何もよくなりません。ブッククラブを含めて読むことに関する目的およびその評価の仕方においては、発想および方法を根本的に転換することが求められます。

　私たちは、正解を得るためやいい成績をとるために本を読んでいるわけではありません。自分たちを変えること、そして世界を変えるために読んでいるのです。もちろん、「楽しむ」ためでもあります。目的が変われば、それに相応しい評価の仕方も求められることになります。それは、もはや教師が子どもたちや学生に対して行うものではなく、自己評価や相互評価と、それに基づいて修正や改善をすることが中心になります。

　特に、ブッククラブに限定すれば、以下のような形で振り返りや評価に子どもたちや学生を巻き込んでいくことになります。

- いい話し合いはどんなものか？
- さらに話し合いをよくするためにはどうしたらいいのか？
- 自分たちの話し合いの三つのいい点と一つの改善点を出してみる。

　チャンスさえ提供されれば、誰でも十分に答えられることばかりです（「パート2」の173ページの小学校1年生の事例を参照）。

このような評価は、子どもたちや学生をさらによく知るための方法とも位置づけられます。本来、「教えること／学ぶこと」と「評価」と「人間関係の形成」の三つは、同時にかつ継続的に行われるものなのですが、これまでの教師主導の教え方ではバラバラなものとして位置づけられてきました。

教室で行われている楽しいブッククラブ

本来切り離せないものをあえてバラバラにしてやるということは極めてもったいないことであり、時間のロスでもあります。

　新しい評価の大事なポイントはもう一点あります。それは、評価の対象は子どもたちや学生だけではなく、教師も同じだということです。従来、教師は評価の対象外になっていますから、たとえ結果が思わしくなかったり、教師の指導の仕方が悪かったとしても、すべて子どもや学生たちに責任を転嫁することが可能になっていました。

　しかし、新しい評価ではそういうわけにはいきません。「教えたのにできないの！」とか「説明したでしょう。覚えていないの？」とは言えないのです。もし、しっかりと責任をもって教えたのなら、できるようになり、覚えてもいるからです。

　170〜176ページからも明らかなように、新しいタイプの評価では、教師の教え方、接し方、話し方、役割などまでが常に評価され、すぐにそれが改善される方向で作用します。そうしない限りは、できるようにも、理解したうえで覚えることもできないからです。

　繰り返して言います。「教えること／学ぶこと」と「評価」と「人間関係の形成」の三つは切り離せないものなのです。

　以上は、主には学校や大学などでの場合ですが、社会人を対象にしたブッククラブの場合も振り返り／評価は同じ感覚で行うことになります。対

象が、自分たちメンバー全員というふうに変わるだけです。

　振り返ったり評価することが学びの質と量を向上させ、話し合いの質を改善し、人間関係もよくすることにつながるのでいいこと尽くめです。それほど価値のあるものを、やらないというのは不思議なぐらいです。

　具体的なやり方としては、以下のような方法が考えられます。

❶すでに紹介したような質問項目（31、152、173、226ページを参照）を投げかけてどんどん発言してもらい、それをホワイトボードや模造紙などに書き出していく方法。

❷それらを評価シートにし、自分たちの話し合いの振り返りや評価に使う方法。

❸質問項目を投げかけて、各自に書き出してもらったうえで、グループで話し合い、用紙は最後に回収する方法（それを使って振り返りシートをつくり、折に触れて活用する）。

❹230〜231ページのチェックリスト（表15）に記入してもらったうえで、グループないし全体で話し合い、用紙は最後に回収する方法。

❺実際にモデルとなるような話し合いをしていたグループを囲む形で残りの者は観察し、あとでよかった点やさらによくするためのアイディアを出しあう方法（175〜176ページの金魚鉢）。

❻あえて話し合いがうまくいっていなかったグループや普通のグループを囲む形で観察し、よくするためのアイディアを出し合う方法。

　単に、振り返る／評価するだけでなく、次回以降に振り返りの結果をどう活かすかという宣言をしたり、計画を立てることをセットで位置づけることも大切です。

　チェックリスト（230〜231ページの表15）は、網羅的に挙げているので、対象やタイミングなどに応じて必要な項目を選ぶことをおすすめします。対象にもよりますが、多くても10〜15項目に絞るのがいいと思います。徐々

に項目を代えて行い、結果的にはほとんどの項目ができるようにしていくのが効果的だからです。

また、**表15**（次ページ）ではレイアウト上3段階の評価になっていますが、より好ましいのは4段階です。例えば、①とてもよくできた、②まあまあできた、③あまりできなかった、④まだできなかった、などが考えられます。

最後に、振り返りのバリエーションとしての記録をとる方法も紹介しておきます。

ある出版社の社員たちでつくる会は、ブッククラブの1週間前に、メンバー各自が読んだ感想（レポート）を当日の「司会者」とは別の「編集長」に提出し、会報を作成しているそうです。さすが、書くことや編集することを仕事にしている人たちで、こういうことがいっこうに苦にならないようです。

会の終了後は、それをブログにアップしているそうです。そして、「レポートまでは作らなくても、議事録をつけたり、事前にWEB上の掲示板やメールで意見交換したり……など、なんらかの形で会を記録するのは大事なことです。こうして目に見える形にすることにより、会への愛着はいや応なしに深まります」と提案しています。（出典：http://www.hakusuisha.co.jp/topics/dokusyokai02.php）

しかし、それが重荷になったのか、上の形式での記録の更新は行われていないようです（単純に、仕事が忙しいだけなのかもしれません）。ですから、記録をとることは諸刃の剣になりかねませんので注意してください。

日本で1960〜1980年代に盛んだった読書会が衰退していった一つの要因も、まさにこの記録のしんどさにあったような気がします。なお、当然のことながら、メールでのやり取りの場合（118ページ）はすべてが記録に残りますから、このうえなく便利と言えます。

230　パート**3**　ブッククラブの運営方法

表15　話し合いのチェックリスト

◇話し合いのプロセス面	はい	まあまあ	まだ
○準備レベル　～　話し合いのためにしっかり読んできた？			
・読んでいたとき、理解しながら読んだか？			
・メモをとりながら／付箋を貼りながら読んだか？			
・読書ノートに書き出した／描き出したか？			
・作者や関連書やサイトの下調べをしたか？			
・共有したい／話したいことを整理したか？			
○焦点レベル			
・面白い質問やテーマ設定ができたか？			
・いくつかのテーマを掘り下げられたか？			
・テーマに沿って切れることなく話せたか？（じっくり考えることも OK）			
○やり取りレベル			
・ほかの人の発言をよく聞けたか？（目を見る、相づちを打つ、身を乗り出すなども含めて）			
・ほかのメンバーに敬意をもって接していたか？　～　否定しない、せかさない、変なこと言わない（茶化さない）			
・順番や話す量を意識して発言したか？			
・自分の考えをほかのメンバーによく聞こえるように、かつ理解できるように話したか？			
・話し合いに貢献（積極的に参加）したか？			
・ほかのメンバーの発言に積み上げながら話せたか？			
・発言の根拠や証拠（必要に応じて、本の必要箇所）を示しながら話せていたか？			
・不明確な点をハッキリさせるために必要な箇所を読み直す形で確認したか？			
・必要に応じてほかのメンバーの考えを説明し直すように求められたか？			
・相手に対してではなく、意見に対する異なる視点を丁寧に述べられたか？			

・新しい考えを（反対意見も）オープンに受け入れられたか？			
・話し合いに集中していたか？			
・話し合いを深められたか？			
○思考レベル			
・自分の頭のなかを様々な考えが駆け巡っていたか？			
・話し合いから新しい情報や考えを得られたか？			
・話し合いを通して理解や解釈が深まった／変わったか？			
・話し合いが終わったあとも、自分の考えを振り返ったり、修正し続けていたか？			
◇話し合いの内容面	はい	まあまあ	まだ
・登場人物について（変化や変化した理由なども）話した。			
・物語のなかで何が起こったのか話した（あらすじ、主な出来事／事件）。			
・物語のなかの様々な情報を提供できた。			
・物語の場面・背景について話した。			
・作者が言わんとしたこと／扱っているテーマについて話した。			
・何が面白かったか／面白くなかったかを、その箇所を紹介する形で説明した。			
・漂っている雰囲気／空気／気分について話せた。			
・シンボル（象徴）やメタファー（比喩）について話せた。			
・印象に残る文章やキーワードを紹介できた。			
・本のなかで重要な点を出しあって話せた。			
・本が好きだったか／嫌いだったかを理由とともに話した。			
・自分がすでにもっている知識に関連づけて話せた（自分との関連、同じ作者のほかの本との関連、ほかの作者との関連、社会で起こっていることとの関連など）。			
・自分がもっていた疑問をほかのメンバーに投げかけられた。			
・本には書いていないが、自分が推測したことを紹介できた。			
・話し合いを通じて物語の世界に没頭できた。			

第6章
ブッククラブへの「かかわり方」と「学び方」
――実践者からのアドバイス（冨田明広）

　読書が苦しい、と感じることが私にはよくあります。読書が自分の成長にとって欠かすことのできないものであることはよく分かっていますし、『読書家の時間』（プロジェクト・ワークショップ編）という本の執筆にもかかわっていたぐらいですから、読書において子どもたちのモデルにならなくてはいけないことはよく分かっているのですが、日々の慌ただしい生活や厳しい仕事にもみくちゃにされてしまうと、やはり疎かになってしまうのが読書の時間、つまり自らを磨く時間となっています。

　読者のみなさんも、同じようなものではないでしょうか。気づいたら、本を読む時間なんてなかった、ということになっていませんか。毎日、読書のために時間を割けるという人は、周りを見てもそう多くないようです。年間にどれだけの本を読んだのかと、思い浮かべるのが怖いぐらいです。しかし、読書を通じて自分を磨くことを欠かしてはいけないことは、私だけでなく、みなさんだってよく分かっているはずです。

　そんなあなたのために、「ブッククラブ」という本の読み方を提案したいと思います。ブッククラブは本を読み進める機会でありますが、人とのかかわり方でもあるし、学び方でもあるのです。

 かかわることで人を知るブッククラブ

　読書は著者と読者（自分）をつなぐ行為、とよく言われます。著者が発

信するメッセージを読者がどのように受け取り、解釈し、意味をつくり出して行動していくのか、言ってみればそれが読書の醍醐味です。しかし、ブッククラブで本を読む場合は、著者と自分以外に、仲間、時には複数の参加者がかかわってくることになります。

著者と自分という一般的な読書スタイルに対して、ブッククラブは三者間、またはそれ以上の分散的相互的な意味をつくり出していく行為となります。これが、とても複雑な形態を取ります。それゆえ、「ブッククラブは人とのかかわり方」とも言えるのです。

　先日、『そして、バトンは渡された』（瀬尾まいこ著）という本でブッククラブを行ったのですが、この本の状況設定をしっかりと読み込み、自分なりの解釈や意味を携えてブッククラブに臨みました。ところが、ベテランの女性メンバーが、「その状況設定はあり得ない、現実離れしている。いわばファンタジーだ！」と言うのです。

　私にとっては、設定した状況のなかで自分なりに解釈をしていたわけですが、その参加者のおかげで、私の考えていた意味づけは根底からひっくり返されるような事態となりました。その本で描かれている状況設定を疑ってかかるという発想はまったくなかったのですが、女性メンバーによって、私と著者の間からは生まれない考えが生まれてしまったのです。

　とはいえ、冷静に女性メンバーの話に耳を傾けると頷けるところも多いのです。私にとってはカウンターパンチをもらったようなものですが、意外にも心地よい驚きに変化し、ブッククラブの最後には、「やっぱりあれはファンタジーだな！」とすっかり女性メンバーの意見に飲み込まれることになってしまいました。

　こんな感じで、著者と自分、そして参加者の間で解釈の「ぶつかり合い」や「影響し合い」が生まれます。そうかと思うと、参加者が「仲介」や「橋渡し」をしてくれたり、「三つ巴」になったりすることもあります。著者と自分という二者間の対話では生じ得ない思考や動力が生まれるのです。

こうなると、予想もできなかった意見が自分のなかから沸き起こってくることがあります。まったく自分では気づいていなかった意味が、ブッククラブの対話によって自分のなかから引き出されていくという感覚です。先に紹介した「やっぱりあれはファンタジーだな！」という意見もその類いのものとなります。自らのなかに埋もれていた「気づき」を引き出してくれるという作用がブッククラブにはあるのです。

この例のように、ブッククラブは読書の仕方以上に人とのかかわり方が重要になってきます。本を媒介にして人とつながり、自分と人との間に生まれ出た意見や意味を楽しむことがブッククラブの魅力とも言えます。読書を楽しむのと同時に、人を楽しむことになるのです。

人を楽しむブッククラブと言えば、面白いエピソードがありました。

特別支援級を担任していた時のことですが、高学年の女子生徒と「ペア読書」（ペアで同じ本を読んで話し合う、ブッククラブのペア版です）をすることになりました。それも、「ペア読書をしましょう」という形式張ったはじまり方ではなく、

「先生、私この本好きなのー」

「へー、じゃあ読んで見るから貸して」

「やだー」

「読みたいー」

といった、日常会話のなかからはじまりました。新年度の夏休み前で、お互いにまだよく分かり合えていないという状況下のことでした。

女子生徒が好きだと言った本は、高学年の女子が好みそうな「学園ラブ」で、「カッコイイ男の子とカッコイイ先生が、主人公の女の子を取り合う」といった内容のものでした。悲しいことに、私にはまったく理解できません。まさにファンタジーです！　しかし、何章か読んで、その本について女子生徒と話し合ってみると、良いと感じるところがどういうところで、その本を好きな理由がなんとなく分かってきました。

「私は〇〇派（カッコイイ男の子のほう）。だって、優しいし、少し弱い

ところもあって、味方になってあげたくなっちゃうでしょ♡、先生のほうもいいんだけど、こんな人いないよねー。○○小には絶対いない、冨田先生ではあり得ない✖」
と話す女子を見て、本に出てくるカッコイイ先生と目の前にいるおじさん先生は、比べる価値もないと思っていることもよく分かりました。

熱心に取り組む小学生

　女子生徒はこの本が大好きなので、それを本当に読んでくれた担任である私に対して「つながり」をもとうとしてくれていますし、私自身も「学園ラブ」の本の解釈を通じて、女子生徒の内面や考え方に触れることができるので、子どもを理解する一助になります。本の内容はジェネレーションギャップのせいで「？」の連続でしたが、女子生徒の考え方や価値観には「なるほど！」と相槌を打つことができました。

　要するに、ブッククラブを通じてこの女子生徒とつながりをもつことができ、内面をうかがうことができたわけです。教育の現場において、これ以上の充実感はありません。ブッククラブは、一般的な読書よりも、相手とのかかわり方を高める一つのツールと言えます。

2　自分にムチを打ち、相手に学びを促すブッククラブ

　本を読んで学ぶという方法は、欠かせないことであると分かりつつも、内容によってはぼんやりと読んでしまったり、読み終わったあとに何も残っていなかったりということが私自身にもよくあります。恥をさらすようですが、ただ読むだけでは読んだ内容がなかなか頭に入らないものです。このような時、私はブッククラブを効果的に使うようにしています。

まず選書ですが、ブッククラブの場合、一人ではなかなか読めないような分厚い本や、自分の嗜好ではなかなか手に取らないだろうという本などで行うと自らの学びを深めることにつながります。仕事の関係で教育関係の本で行うことが多いわけですが、薄くて読みやすい本を選ぶことはありません。重厚で、少し読み応えがあり、議論する価値もありそうな本を選んでいます。信頼できるメンバーに本を選んでもらうというのも面白いです。いずれにしろ、自分では手に取らないだろうなという本ほど新しい発見があるということです。

ブッククラブを行う場合、当然、計画を立てることになりますので、その日までに頑張って読み切ろうとするプレッシャーが高まります。「読めなかったのに、知っているふりをするのも恥ずかしい。かといって、読めませんでしたと開き直るのも無責任だし」と、相手がいることによって弱い自分にムチを打って、よい意味でのプレッシャー、つまり「ピア・プレッシャー」がかかることになるわけです。

内容に対する反応においても同じです。「ちょっとかっこいいことを言いたい」とか「相手が、『おっ!』と思うようなことを言いたい」など、カッコつけたいという欲求のおかげで、分厚い本でも頑張って読んでいこうという意欲が湧くのです。たぶん、みなさんも同じでしょう。愚かな「よく思われたい」という人の欲求を、学びへの意欲に転用するということです。

ブッククラブのあとに打ち上げ（食事会）を設定したり、ちょっといいお菓子や飲み物を持ち寄ったりすることも、読書への意欲を人工的に高めていく工夫なのかもしれません。また、退屈な会議室などではなく、目新しい場所や素敵な空間、行ってみたかったスポットなどでブッククラブが行われると、そこに行くためにも本を読もうという気持ちが高まります。

教師である私が言うべきことではないですが、一般的な教育空間では「読書を楽しむ」ということが教えられていないようです。それだけに、本を

読むにはエネルギーが必要となります。しかし、自らを向上したいと考えている人は多いはずです。そういうときは、ブッククラブを計画して本を読んでみてください。「ピア・プレッシャー」とか「よく思われたいという欲求」、そして「食欲」など、あらゆる欲求を総動員して本と直面するのです。

「こういう本は苦手だったけど、ブッククラブのおかげで読めたわー」という話は、私の周りでよく聞く話です。ブッククラブは、自分にムチを打つ「学びの場づくり」とも言える空間なのです。

「自分にムチを打つ」と表現するとスパルタ的な印象を与えてしまいますが、それは自分にかぎったことであり、相手に対して用いるときには逆の印象となり、学びを促すことになります。研修会などでブッククラブを活用してみるというのはいかがでしょうか。

一人の講師が全員に向かって熱弁しても、熱量が多すぎて参加者に煙たがられるものです。私自身、そういう雰囲気を好ましいものとは思っていません。そうではなくて、自分の言いたいことを表現してくれている本を通じて伝えていくのです。ブッククラブは、それを可能にする最高の方法なのです。

話しているのは自分ではないし、文字情報なので過剰な熱を帯びることもありません。ブッククラブなので、参加者が読み取ったところで意味をつくり出せるので、強制されるという感じを抑えることもできます。また、同席している仲間も一緒に読んでいるので、その意見が筆者の意見の仲介となって参加者をつなぐというメリットも生まれます。

ブッククラブなので一律に同じ理解を強いることは不可能ですが（それをやると、参加者は引いていきます）、お菓子を食べながらリラックスして、本の内容について語り合える場ができれば、自分の言いたいことが本を通じて参加者にそれとなく伝えることも可能となるのです。そうなれば、参加者は自分の言葉で意味をつくり出すこともできるようになり、その後の応用についても、講義形式の研修よりも実践しやすいものとなります。

3 長く、ゆるい関係をつくるブッククラブ

　ブッククラブは、「かかわり方」と「学び方」を学ぶ場と説明してきました。さらに、「仲間づくり」にもつながるということも説明して本章を終わることにします。

　ここで述べたように私自身も定期的にブッククラブを開いているわけですが、実は、かなり時間をかけているのが自己紹介や近況報告なのです。新しい人が加入すればその人のことが知りたくなりますし、お馴染みのメンバーであれば最近の苦労話をねぎらうこともできます。もちろん、他業種に携わっている人との出会いというのも醍醐味となっています。それ以上に、ブッククラブという機会が会う口実になっていることが私にとっては一番の楽しみかもしれません。

　いくら仲がよくても、お互いに仕事をしているとなかなか会う機会がないものです。季節ごとに1回ブッククラブを計画すれば集まることができますし、元気な顔をお互いに見ることでエネルギーをもらうこともできます。また、毎日たくさんの本が出版されている現在の状況を考えれば、よい本に出合える場ともなります。年間に8万点を超える本が出版されているという現状を見れば、たった一人が「よい本」にめぐり合える確率はかなり少ないことになります。着飾ることがなく、緩みすぎないブッククラブによって選書もでき、学びの場としてもちょうどよい雰囲気がつくられ、本を読み続けていきたいという気持ちにさせてくれるのです。

　ブッククラブを通じてかかわり合った仲間は、長くゆるくつながり、時には「支え」となる関係にもなります。ブッククラブという機会が、そのような空間をつくり出していると私は思っています。「どうしようか……」と思っているあなた、明日にでもはじめてください！

あとがき

　原稿をすべて書き終わってから、親子読書会や集団読書関連の本を見い
だしました。しかし、大人を対象にした読書会関連の本は見いだせません
でした。旧態依然とした輪読会形式のものが定着し、それも「絶滅危惧種」
化しているのではないかと心配しています。

　新たに見つけた情報は、部分的には本文に付け足す形で書き加えました
が、書き足せなかった部分のなかで読者にお伝えしたいと思った内容につ
いてはここで説明することにします。

　まず、見過ごした理由ですが、それらの本の出版年の多くが1970年代だ
ったということにありました。逆に言えば、1960〜1970年代に親子読書会
や教室での集団読書が熱心、かつ活発に取り組まれていたという新たな発
見でした。目を通した書名のリストは巻末の文献一覧に記しました。

　日本における親子読書会や集団読書は、それらの出版年数からも分かる
ように1980年代の中頃から急速に「絶滅危惧種」化していきました。今で
は、図書／読書関係者のなかでもその存在を知らない人がほとんどです。
私の最大の関心は、これだけのうねり（運動）がどうして消えてしまった
のか、です。

　親子読書や読書会の運動が衰退していった要因については、これらのい
くつかの本で分析されていたので紹介します。

> 　1980年代に差し掛かる前後から停滞の色を見せ、この傾向は年と共
> に著しくなってきました。「集まる子どもが減ってきた」「来ても遊ぶ
> だけで、本を借りていかない」「本を読んでやっても、面白がらない、
> 感動しない」「素話が落ち着いて聴けなくなった」などと嘆く声が聞

かれるようになり、それが"例外"から"通り相場"になってきました。(『親子読書運動〜その理念とあゆみ』清水達郎、174ページ)

ほかにも、以下のような理由が挙がっています(前掲書、174〜177ページ)。
- 地域文庫の担い手たちも抜けていった。活動のマンネリ化。
- 子どもたちの読書離れ。時間がない子どもたち。
- 行政の施策の硬直化も大きな要因。

雑誌〈親子読書〉の1982年11月号では、特集タイトルを「親子読書の可能性」に設定し、そのなかで親子読書会が広がらなかった理由を次のように分析しています(21ページ)。
- 仲間を見いださないとできない。
- 本の確保が難しい。
- 司会者獲得の困難さ。
- 最大のネックは「読書は密室で行われるもの」というイメージ。
- 親子の"ベッタリ"イメージ。

最後は、子どもの読書に最初から大きな影響をもち、今でも活発に活動を続けている「日本子どもの本研究会」が過去30年間の歩みを振り返った報告書のなかに書いていたことです。

> 今(原稿執筆時の1996年〜1997年頃)、子どもの読書離れは低年齢化の一途をたどり低学年にまで及んでいる。知識を身につけさせることだけを重視され、子どもの成長発達に読書が大きく左右することに気づいていない母親が多いからであろう。また、小学校低学年でさえ教室で読み聞かせをしてくれる先生は少なくいまや貴重な存在になっている。そんな環境の中では、子どもたちの会話の中に読書の話題が広がるはずもなく、ましてや、一冊の本についてみんなで自由に話し

合う機会など、体験できる子どもはわずかであろう。

　かつて、読書運動が盛んだった時代に誕生した地域の親子読書会も数が減り、細々と続けてはいても中学年以上の読書会が成立しなくなったり、幼児や低学年でさえ、呼び込むのに苦労しているのが現状である。（『日本子どもの本研究会〜30年の歩み』1997年、26ページ）。

　以上の三つの資料から、ほぼ絶滅してしまった理由がいくつか鮮明になってきます。

　まず何よりも、高度成長のなか受験戦争に巻き込まれていく子どもおよび親たちの姿です。子どもも大人も多忙化の一途をたどり、本を読むことの優先順位は急激に下がっていきました。もちろん、本を読むことよりも楽しいものが次々に現れたという時代背景もあります。

　次に、読書会（集団読書）の運営の仕方のまずさが挙げられると思います。かなりの人数を集めないとやれない、と思い込んでいたようです。したがって、仲間を見いいだせないとできないし、同じ本を大量に確保するのは困難だし、という問題を抱え続けました。

　また、読書会／集団読書は、自分たちでするものというよりも、自分たちは人集めをして、司会・進行は講師に任せるという固定観念がつきまとっていました。それは、たくさんの人数を対象にしますから、当然と言えます。素人の母親にできるはずがない、と。

　そして当然、いい講師役を獲得することは容易なことではありません。こうした講師に依存する会運営は、自分たちがいつまでたっても自立できない、主体者意識がもてない、お客さん意識をもち続ける大きな要因になっていたと思います。もちろん、いい講師の進行で行われた読書会は、参加した誰にとっても楽しかったでしょうが、それを自分たちでつくり出すという方向には行かなかったことが絶滅危惧種化し、そしてほぼ絶えようとしている最大の要因のような気がします。何と言っても、主役意識がもてない、というのは決定的な問題ですから。

また、話し合いの克明な記録をとることが課せられていたことも、プラスに機能していたとは思えません。しんどいだけで、それが有効に活用された形跡がほとんどないからです。これも、「パート3」の第5章で紹介しているような様々な方法のなかから選ぶことで、ブッククラブなら参加型の振り返りで次回以降に活かせる情報が収集できます。

しかし、1983年にスタートした「熊本子どもの本の研究会」の存在も知りました。理事長の横田さんは地域文庫もやりつつ、研究会としては設立30周年の今年から来年にかけて様々な活動を展開し続けています。このような会はほかにもあると思います。

いずれにしても、以上の読書会や集団読書に対して、本書で紹介してきたブッククラブは、司会・進行・講師役を最初から排除する形のものです。164～171ページで紹介したように、チャンスさえ提供されれば小学1年生ですら十分に話し合えてしまうのですから、必要のないものを主役に据えておく必要などありません。

ぜひ、自分たちが主役になってブッククラブを楽しんでください。これからの時代を考えると、年齢に関わらず繰り返し取り組んだほうがいいものです。それも、結構頻繁に。そして、人数や場にも限定されず。

最後になりましたが、インタビューやアンケートおよび写真提供などの形で協力してくれた永吉和幸さん、常光孝一さん、広木敬子さん、伊賀夏奈子さん、松村久幸さん、横山寿美代さん、花岡民子さん、長崎政浩さん、下藤陽介さん、清水智子さん、甲斐崎博史さん、本田陽志恵さん、岩井輝久さん、藤澤みどりさん、加藤博美さん、小見まいこさん、廣瀬充さん、岸陽介さん、冨田明広さん、そしていつものように本づくりを助けてくれた株式会社新評論の武市一幸さん、みなさんに感謝します。

2019年9月

吉田新一郎

本書で紹介されていた本のリスト

（各章ごとの掲載順としました。そのため、重複表記となっています）

◆まえがき

『ジェイン・オースティンの読書会』カレン・ジョイ・ファウラー／矢倉尚子訳、
白水社、2006年

パート1

◆第1章

『増補版「読む力」はこうしてつける』吉田新一郎、新評論、2018年

『リーディング・ワークショップ』ルーシー・カルキンズ／吉田新一郎・小坂敦
子訳、新評論、2010年

『エンパワーメントの鍵』クリスト・ノーデン‐パワーズ／吉田新一郎・永堀宏
美訳、実務教育出版、2000年

『てん』ピーター・レイノルズ／谷川俊太郎訳、あすなろ書房、2004年

『っぽい』ピーター・レイノルズ／なかがわちひろ訳、主婦の友社、2009年

Literature Circles, Harvey Daniels, Stenhouse, 1994

『読書会の指導』図書館教育研究会編著、学芸図書、1957年

『全国読書グループ総覧』（社）読書推進運動協議会、1971～2008年版

『ライティング・ワークショップ』ラルフ・フレッチャー＆ジョアン・ポータル
ピ／小坂敦子・吉田新一郎訳、新評論、2007年

Good Books Lately: The One-Stop Resource for Book Groups and Other Greedy Readers, Ellen Moore & Kira Stevens, Griffin, 2004

『読書と読者：読書、図書館、コミュニティについての研究成果』キャサリン・
シェルドリック・ロス他／川崎佳代子・川崎良孝訳、京都大学図書館情報学
研究会、2009年

◆第2章

『風葬の教室』山田詠美、河出文庫、1991年

『仲間と読み深める　読書会のすすめ』深川賢郎著、渓水社、2006年

Guiding Readers and Writers: Grades 3~6, Irene C. Fountas & Gay Su Pinnell,
Heinemann, 2001

◆第3章

The Reader, The Text, The Poem, Louise M. Rosenblatt, Southern Illinois University Press, 1978

Taxonomy of educational objectives: the classification of educational goals; Handbook I: Cognitive Domain, Benjamin Bloom, et al, Longmans, 1956.

A Taxonomy for Learning, Teaching, and Assessing: A Revision of Bloom's Taxonomy of Educational Objectives, Lorin W. Anderson, et. al., Pearson, 2000

『増補版「考える力」はこうしてつける』ジェニウィルソン＆レスリー・ウィングジャン／吉田新一郎訳、新評論、2018年

Understanding by Design, Grant Wiggins and Jay McTighe, Association for Supervision and Curriculum Development, 1998（第2版の邦訳：『理解をもたらすカリキュラム設計』西岡加名恵訳、日本標準、2012年）

『効果10倍の＜教える＞技術』吉田新一郎、PHP新書、2006年

From Communication to Curriculum, Douglas Barnes, Penguin Books, 1975

How to Create Positive Relationships with Students, Michelle Karns, Research Press, 1994

『会議の技法』吉田新一郎、中公新書、2000年

『EQ～こころの知能指数』ダニエル・ゴールマン／土屋京子訳、講談社、1996年

『いい学校の選び方』吉田新一郎、中公新書、2004年

『マルチ能力が育む子どもの生きる力』トーマス・アームストロング／吉田新一郎訳、小学館、2002年

Working with Emotional Intelligence, Daniel Goleman, Bantam Book, 1998（邦訳：『ビジネスEQ：感情コンピテンスを仕事に生かす』梅津祐良訳、東洋経済新報社、2000年）

ITI: The Model, Third Edition, Susan Kovalik, Books for Educators, 1994

Circles of Learning: Cooperation in the Classroom (4th Edition), D.W.Johnson, R.T. Johnson, & E.J. Holubec, Interaction Book Company, 1993（第5版の邦訳：『学習の輪』石田裕久・梅原巳代子訳、二瓶社、2010年）

『テーマワーク』開発教育センター／国際理解教育センター訳、国際理解教育センター、1994年

『ワールド・スタディーズ』サイモン・フィッシャー＆デイヴィット・フィックス／国際理解教育センター訳、国際理解教育センター、1991年

245

『いっしょに学ぼう』スーザン・ファウンテン／国際理解教育センター訳、国際理解教育センター、1994年

パート2

◆大人のブッククラブ

『エンパワーメントの鍵』（前掲参照）

『ギヴァー〜記憶を注ぐ者』ロイス・ローリー／島津やよい訳、新評論、2010年

『ドキュメント宇宙飛行士選抜試験』大鐘良一、光文社新書、2010年

『この命、義に捧ぐ』門田隆将、集英社、2010年

『病床六尺』正岡子規、岩波文庫、1984年

『銀の匙』中勘助、岩波文庫、1999年

『逆説の日本史　古代黎明編（第1巻）』井沢元彦、小学館、1993年

『デパートを発明した夫婦』鹿島茂、講談社現代新書、1991年

『豆腐屋の四季』松下竜一、講談社文芸文庫、2009年

『夜と霧』V・E・フランクル／池田香代子訳、みすず書房、2002年

『奇跡のリンゴ』石川拓治、幻冬舎文庫、2011年

『動的平衡』福岡伸一、木楽舎、2009年

『老いの才覚』曽野綾子、ベストセラーズ、2010年

『働かないアリに意義がある』長谷川英祐、メディアファクトリー、2010年

『木に学べ〜法隆寺・薬師寺の美』西岡常一、小学館文庫、2003年

『塩狩峠』三浦綾子、新潮文庫、1973年

『獣の奏者』上橋菜穂子、講談社文庫、2009年

『精霊の守り人』上橋菜穂子、新潮文庫、2007年

『ギヴァー〜記憶を注ぐ者』ロイス・ローリー／島津やよい訳、新評論、2010年

『ビーバー族のしるし』エリザベス・ジョージスピア／こだまともこ訳、あすなろ書房、2009年

『パパラギ』エーリッヒ・ショイルマン／岡崎照男訳、ソフトバンククリエイティブ、2009年

『エミール』ルソー／今野一雄訳、岩波文庫、1962年

『無気力の心理学』波多野誼余夫＆稲垣佳世子、中公新書、1981年

『銀の匙』中勘助、岩波文庫、1999年

『奇跡の教室』伊藤氏貴、小学館、2010年
『福翁自伝』福澤諭吉、岩波文庫、1978年、および、ちくま新書、2011年

In the Middle, Nancie Atwell, Heinemann; 2nd edition, 1998
How's it Going?, Carl Anderson, Heinemann, 2000
Assessing Writer, Carl Anderson, Heinemann, 2005
Guiding Readers and Writers: Grade 3~6（前掲参照）
Conferring with Readers, Jennifer Serravallo & Gravity Goldberg, Heinemann, 2007

『英語授業の「幹」をつくる本』北原延晃、ベネッセコーポレーション、2010年
『メンタリング・マネジメント〜共感と信頼の人材育成術』福島正伸、ダイヤモ
　ンド社、2005年
Well Spoken, Erik Palmer, Stenhouse, 2011

『「学び」で組織は成長する』吉田新一郎、光文社新書、2006年
『効果10倍の＜学び＞の技法』吉田新一郎、PHP新書、2007年
『ライティング・ワークショップ』（前掲参照）
『増補版「考える力」はこうしてつける』（前掲参照）
『学習する組織』ピーター・センゲ／枝廣淳子・小田理一郎訳、英治出版、2011
　年

◆小学校6年生以上のブッククラブ
『リーディング・ワークショップ』（前掲参照）
『増補版　作家の時間』プロジェクト・ワークショップ編著、新評論、2018年
『流れ星にお願い』森絵都、童心社、2002年
『増補版「読む力」はこうしてつける』吉田新一郎、新評論、2018年

●テーマ「宮沢賢治と絵本」
『やまなし』宮沢賢治、遠山繁年（絵）、偕成社、1987年
『双子の星』宮沢賢治、遠山繁年（絵）、偕成社、1987年
『虔十公園林』宮沢賢治、伊藤亘（絵）、偕成社、1987年
『なめとこ山の熊』宮沢賢治、中村道雄（絵）、偕成社、1986年
『よだかの星』宮沢賢治、中村道雄（絵）、偕成社、1987年

『どんぐりと山猫』宮沢賢治、高野玲子（絵）、偕成社、1989年

『注文の多い料理店』宮沢賢治、島田睦子（絵）、偕成社、1984年

『てぶくろを買いに』新美南吉、黒井健（絵）、偕成社、1988年

『きつね三吉』佐藤さとる、村上勉（絵）、偕成社、1985年

●テーマ「ファンタジー」

『ナルニア国物語　ライオンと魔女』C・S・ルイス／瀬田貞二訳、岩波少年文庫、2000年

『ローワンと魔法の地図』エミリー・ロッダ／さくまゆみこ訳、佐竹美保（絵）、あすなろ書房、2000年

『ダレン・シャン』ダレン・シャン／橋本恵訳、田口智子（絵）、小学館、2006年

『霧のむこうのふしぎな町』柏葉幸子、杉田比呂美（絵）、講談社、2004年

『ルドルフとイッパイアッテナ』斎藤洋、杉浦範茂（絵）、講談社、1987年

『十五少年漂流記』ジュール・ヴェルヌ／那須辰造訳、金斗鉉（絵）、講談社青い鳥文庫、1990年

●テーマ「生と死」

『ぶらんこ乗り』いしいしんじ、新潮社、2004年

『だれが君を殺したのか』イリーナ・コルシュノウ／上田真而子訳、岩波書店、1991年

『ゾマーさんのこと』パトリック・ジュースキント／池内紀訳、ジャン・ジャック・サンペ（絵）、文藝春秋、1992年

『カラフル』森絵都、文藝春秋、2007年

『永遠の夏休み』折原みと、ポプラ社、2003年

『ルイーゼの星』カーレン・スーザンフェッセル／オルセン昌子訳、求龍堂、2002年

●テーマ「ノンフィクション」

『エンデュアランス号大漂流』エリザベス・コーディー・キメル／千葉茂樹訳、あすなろ書房、2000年

『ユウキ』岸川悦子、ポプラ社、2005年

『ちび象ランディと星になった少年』坂本小百合、文春ネスコ、2004年

『盲導犬クイールの一生』石黒謙吾、文藝春秋、2001年
『秘密の道をぬけて』ロニー・ショッター／千葉茂樹訳、あすなろ書房、2004年
『マヤの一生』椋鳩十、吉井忠（絵）、大日本図書てのり文庫、1988年

●テーマ「生き方を考える」
『ギヴァー〜記憶を注ぐ者』ロイス・ローリー／島津やよい訳、新評論、2010年
『ヒトラーのはじめたゲーム』アンドレア・ウォーレン／林田康一訳、あすなろ
　　書房、2007年
『時をさまようタック』ナタリー・バビット／小野和子訳、評論社、1989年
『弟の戦争』ロバート・ウェストール／原田勝訳、徳間書店、1995年
『テラビシアにかける橋』キャサリン・パターソン／岡本浜江訳、偕成社、2007
　　年
『無人島に生きる十六人』須川邦彦、新潮社、2003年
『穴』ルイス・サッカー／幸田敦子訳、講談社、2006年

◆小学校低学年のブッククラブ
『くまさぶろう』もりひさし作、ユノセイイチ（絵）、こぐま社、1978年
『ピーターのいす』エズラ＝ジャック＝キーツ／木島始訳、偕成社、1969年
『エルマーのぼうけん』ルース・スタイルス・ガネット／わたなべしげお訳、ル
　　ース・クリスマン・ガネット（絵）、福音館書店、1963年
『はれときどきぶた』矢玉四郎、岩崎書店、1980年

◆学校全体でのブッククラブ
『リーディング・ワークショップ』（前掲参照）
『子どもたちに自由を！』トニ・モリソン＆スレイド・モリソン／長田弘訳、み
　　すず書房、2002年
『全校読書運動の記録』山口重直、国土社、1976年

◆海外のブッククラブ
The Mother-Daughter Book Club, Shireen Dodson, Harper Paperbacks, 1997
Cycles of Meaning ~ Exploring the Potential of Talk in Learning Communities, Ed-
　　ited by Kathryn Mitchell Pierce and Carol J. Gilles, Heienmann, 1993
『ビーバー族のしるし』（前掲参照）

『ロビンソン・クルーソー』ダニエル・デフォー／坂井晴彦訳、福音館文庫、2003年
『合本・母と子の20分間読書』椋鳩十、あすなろ書房、1971年

パート3

◆第2章
The Mother-Daughter Book Club, by Shireen Dodson, Harper Paperbacks, 1997

◆第3章
『ギヴァー〜記憶を注ぐ者』（前掲参照）
『リーディング・ワークショップ』（前掲参照）

◆第4章
『リーディング・ワークショップ』（前掲参照）

◆第6章
『読書家の時間』プロジェクト・ワークショップ編、新評論、2014年
『そして、バトンは渡された』瀬尾まいこ、文藝春秋、2018年

◆あとがき
『親子読書会のすすめ　〜　その考え方とつくり方』代田昇、金の星社、1972年
『手さぐりできり開いた親子読書会』代田昇編、金の星社、1974年
『集団読書のすすめ』日本子どもの本研究会編、金の星社、1974年
『日本子どもの本研究会　〜　30年の歩み』日本子どもの本研究会、1997年
『読書会のすすめ方　〜　母と子のための』大橋一二、明治書院、1980年
『親子読書会　このすばらしい出会いの世界』伊藤始、リーブル、2001年
『合本・母と子の20分間読書』椋鳩十、あすなろ書房、1971年
『親子読書運動　〜　その理念とあゆみ』清水達郎、国土社、1987年
『全校読書運動の記録』山口重直、国土社、1976年
『父母と教師のための親子読書のすすめ』山口重直、新評論、1979年
『集団読書』松尾彌太郎、国土社、1971年
〈親子読書〉雑誌、1973年12月〜1983年3月、岩崎書店
『神話的時間』鶴見俊輔他、熊本子どもの本の研究会、1995年
『神話とのつながり』鶴見俊輔他、熊本子どもの本の研究会、1997年

著者紹介

吉田新一郎（よしだ・しんいちろう）

現在、「学び、出会い、発見の環境としくみをつくりだす」ラーンズケイブ（Learnscapes）代表。自分がそれまでに体験したことのなかった新しい教え方・学び方に出会ったのは、『ワールド・スタディーズ』（1991年 ERIC 刊、連絡先 eric-net.org）を通して。それ以来、自分の研修会の持ち方もガラッと変わってしまいました。講演をするということがなくなり、「問いかけ」が基調になりました。

その後、思考力を含めて、学習者主体の教え方・学び方を紹介したたくさんのすばらしい本に出合ってきましたが、その中には『マルチ能力が育む子どもの生きる力』（小学館）や『ペアレント・プロジェクト』『「考える力」はこうしてつける』『ライティング・ワークショップ』『リーディング・ワークショップ』（すべて、新評論）なども含まれます。

著書として、『「学び」で組織は成長する』（光文社新書）、『効果10倍の教える技術』（PHP 新書）『「読む力」はこうしてつける』（新評論）などがある。

新しい教え方・学び方、研修の仕方、評価の仕方等に関する情報や研修に興味のある方は、ご連絡ください。（連絡先 e-mail＝pro.workshop@gmail.com）

改訂増補版　読書がさらに楽しくなるブッククラブ
──読書会より面白く、人とつながる学びの深さ──　　　　　（検印廃止）

2013年1月31日　初版第1刷発行
2019年11月15日　改訂増補版第1刷発行

著　者　吉　田　新　一　郎
発行者　武　市　一　幸

発行所　株式会社　新　評　論

〒169-0051　東京都新宿区西早稲田3-16-28
http://www.shinhyoron.co.jp

TEL 03（3202）7391
FAX 03（3202）5832
振替 00160-1-113487

落丁・乱丁はお取り替えします。
定価はカバーに表示してあります。

印刷　フォレスト
装丁　山田英春
製本　中永製本所

©吉田新一郎　2019年

Printed in Japan
ISBN978-4-7948-1137-0

JCOPY 〈（社）出版者著作権管理機構 委託出版物〉
本書の無断複写は著作権法上での例外を除き禁じられています。複写される場合は、そのつど事前に、（社）出版者著作権管理機構（電話03-5244-5088、FAX 03-5244-5089、E-mail: info@jcopy.or.jp）の許諾を得てください。

新評論　好評既刊　あたらしい教育を考える本

吉田新一郎
増補版「読む力」はこうしてつける
優れた読み手はどのように読んでいるのか？そのスキルを意識化しない「本の読み方」、その教え方を具体的に指南！
［A5並製　220頁　2000円　ISBN978-4-7948-1083-0］

L・カルキンズ／吉田新一郎・小坂敦子　編訳
リーディング・ワークショップ
「読む」ことが好きになる教え方・学び方
子どもたちが「本のある生活」を享受できるようになる教室の実践。
［A5並製　246頁　2200円　ISBN978-4-7948-0841-7］

S・サックシュタイン＋C・ハミルトン／高瀬裕人・吉田新一郎　訳
宿題をハックする
学校外でも学びを促進する10の方法
シュクダイと聞いただけで落ち込む…そんな思い出にさよなら！
教師も子どもも笑顔になる宿題で、学びの意味をとりもどそう！
［四六並製　304頁　2500円　ISBN978-4-7948-1093-9］

S・サックシュタイン／高瀬裕人・吉田新一郎　訳
成績をハックする
評価を学びにいかす10の方法
成績なんて、百害あって一利なし!?「評価」や「教育」の概念を根底から見直し、「自立した学び手」を育てるための実践ガイド。
［四六並製　240頁　2000円　ISBN978-4-7948-1095-3］

D・ロススタイン＋L・サンタナ／吉田新一郎　訳
たった一つを変えるだけ
クラスも教師も自立する「質問づくり」
質問をすることは、人間がもっている最も重要な知的ツール。
大切な質問づくりのスキルが容易に身につけられる方法を紹介！
［四六並製　292頁　2400円　ISBN978-4-7948-1016-8］

D・フィッシャー＆N・フレイ／吉田新一郎　訳
「学びの責任」は誰にあるのか
「責任の移行モデル」で授業が変わる
授業のあり方が変わり、生徒の学びの「質」と「量」が飛躍的に伸びる「責任の移行モデル」四つの要素を紹介！
［四六並製　288頁　2200円　ISBN978-4-7948-1080-9］

＊表示価格はすべて税抜本体価格です。